メンタリスト
DaiGo

ダイエットという
自分との心理戦に
勝つ方法

ウィルパワー
ダイエット

マガジンハウス

Will Power Diet

やせたいのにどうしてもダイエットが続かなかったあなたへ

『ウィルパワーダイエット』を手にとっていただきありがとうございます。メンタリストのＤａｉＧｏです。

この本は今までのダイエット本とは大きく異なり、具体的な運動やエクササイズの紹介するのではなく、ダイエットを続けるために必要な心理学を解説しています。

なぜなら、ダイエットにおいてはエクササイズよりも、続けるための習慣化や挫折を防ぐメンタルを作る方が重要だからです。

おそらく、あなたは多くの人と同じように、ダイエットを始めても、途中でやめてしまい成果が得られなかったか、やせたとしても、続けることができずにリバウンドしてしまったのではないでしょうか。

実際に、日本では毎年様々なダイエット法が流行し、書籍の売上トップには必ずと言っていいほどダイエット本がランクインしています。しかし、毎年異なるダイエットが流行り、その本は飛ぶように売れているにもかかわらず、やせている人は増えず、むしろ肥満の問題を抱えた人が増えていくのはおかしいと思いませんか。

多くの人はダイエットを始めても続けることができず途中で挫折してしまい、また新しいダイエット法に飛びついていきます。

このように効果が出る前にダイエットをやめてリバウンドを繰り返すので、ダイエット本は売れてもやせている人は増えないのです。

では、どうすればやせることができるのでしょうか。

答えは簡単、「続けること」です。

あなたがアスリートを目指すのであれば、さまざまなトレーニング器具や複雑なエクササイズプログラムが必要になるでしょうが、やせることだけを目標とするなら、どのダイエット法をしようと効果はさほど変わりません。だから、一つの方法を集中して続けた方が、効果が出るのです。

実際に私自身も、以前はかなり肥満体型で、それが小1から中2まで続いた8年間のいじめの原因にもなっていました。そこから脱却するために、さまざまなことにチャレンジしました。そのうちの一つがダイエットだったのですが、ろくに知識もなかったので朝のランニングとシンプルな腹筋運動ぐらいしか運動はやりませんでした。

しかし、シンプルだったため、ちゃんと続けられ、やせることができました。エクササイズの知識が下手にあるよりも、愚直に続けることが成果につながってしまったわけです。

そのため、この本ではダイエットを続けるための心理学を徹底的に解説することにしました。

まず最初に、ダイエットを成功させるための3つの心理条件についてお話しします。そして、自然に食べる量が減るにもかかわらず満足度は変わらない、マーケティングと心理学の研究から生まれた食心理学を解説します。そして、ウィルパワーというあなたの脳が持つ、ダイエットを続けるために必要な力を鍛える方法を紹介します。さらに、準備なしで始められる効果的なエクササイズと、それを習慣化するためのウィルパワーに合わせたステップ方式のトレーニングを紹介します。最後に、ウィルパワーを鍛えることで、ダイエット以外でも得られる様々な効果について紹介して、あなたのダイエットへのモチベーションを一気に高めたいと思っています。

この本では手軽な方法ではなく、科学が証明した確実な方法のみを紹介しています。なぜなら、私はあなたに今まで得ることができなかった成果を手に入れてほしい、そして二度とダイエットをしなくても、自然にベストな体型を維持できるようになってほしいと思っているからです。この本を読んだあとにダイエットで成果を出せるかどうかは、あなたがどれだけあなた自身を信じて、この本に書かれていることを継続できるかにかかっています。

さあ、二度とリバウンドすることのない、人生最後のダイエットを始めましょう。

メンタリストＤａｉＧｏ

序

ダイエットした人の9割はむしろ太るという事実

この本を手に取ったということは、きっとあなたはダイエットに関心があることでしょう。もしかすると、一度や二度、いや何度もダイエットの経験があるかもしれません。

もともとやせ体質だったり、運動習慣があって理想的な体型をキープしている人でない限り、ほとんどの人は「やせたい」、あるいは「ダイエットしよう」と思ったことがあるのではないでしょうか。

では、ダイエットに挑戦し、なおかつ成功したという人はどのくらいいるでしょう。おそらく、ほとんどの人が何度もダイエットを繰り返しているか、あるいはすっかりダイエットを諦めてしまったか、あるいは「ダイエットはもうこりごり。二度と手を出さない」のいずれかになっているのではないか、と私は考えています（95％のダイエットは失敗するそうですね。統計的にダイエットは体重を増やす効果しかないとも言われています)。

かつて肥満大国と言われ、今でも多くの人がダイエットに取り組んでいるアメリカには、「ダイエットで減量した人たちの95％以上がリバウンドしている」というデータがあります。さらに、ジムに通っているのは全会員の30％しかないというデータもあります。みんな、ダイエットに挑戦しては、失敗しているのです。

なぜ、ほとんどの人がダイエットに失敗してしまうのでしょう。

たとえば、アカデミー賞授賞式でのハリウッドセレブたちは、みんな美しさに輝いていますね。体にフィットしたドレスでスレンダーな体型をアピールしています。男性だって、タキシードのお腹周りが出ている人なんていません。それは、「輝く日に向けた調整」という名の厳しいダイエットの賜物です。極端な食事制限をしたり、過酷なウエイトトレーニングをしたり、とにかく「その日」を一番よい状態にするために、血のにじむような努力をしているのです。

ハリウッドセレブでなくても、たとえば「夏に向けて」「結婚式に向けて」とゴールを定めてダイエットを始める人は少なくありません。炭水化物や脂肪分を摂らず、サラダ中心の食生活を送り、朝晩に腹筋運動を50回やり、週に1度はランニングをする。こんな生活を頑張って続ければ、1カ月後には見事目的を達成できるはずです。

「ある一定期間、努力を重ねて減量すること」をダイエットと呼ぶなら、今挙げた例は確かに「ダイエットに成功した」と言えます。しかし、無理な食事制限や激しいトレーニングを重ねて目的を達成した人のうち、1年後もその成果を維持できている人は、どのくらいいるのでしょう。3年後、5年後も自分が望んだ体型を維持できている人は、いったいどのくらいなのでしょう。多くの人は、目標を達成するとジリジリと、あるいは一気に元の生活に戻り、体重も体型も元に戻ってしまいます。いや、それ以上に増量してしまうことが多いのは、ご存じの通りです。一般人だけではありません。アカデミー賞の授賞式に向けて過酷なダイエットを敢行し、その翌日には食欲が爆発して体型が戻ってしまうハリウッドセレブは少なくないといいます。

どんなに頑張って体重を落としたり、体型を絞ったとしても、それが一時的なものだとしたら、それは「ダイエットに成功した」とは言えません。

また、いくら細い体を手に入れたとしても、体が、そして心が不健康になってしまっては「ダイエットに成功した」姿でないことは、言うまでもありません。

「ダイエットに成功した」と断言できるのは、理想的な体型を維持するための食生活や生活習慣が自分のものになったときだけです。

どのダイエット法も効果は同じ。やせるためには「続ける」しかない

テレビで、雑誌で、書籍で、そしてインターネットで。今や「ダイエット情報」を目にしない日はないくらいです。さまざまなメディアが「効果的なダイエット方法」を伝え、そして多くの人がそれらにチャレンジしています。「〇〇だけしか食べない」という栄養的に大きな問題がありそうな方法もあれば、アスリート顔負けのトレーニング方法をすすめられることもあります。このグッズを使えばたちどころにやせられるという器具を次々と購入する人もいれば、かつては死亡例さえ含む健康被害が報告され、日本では認可されていないサプリメントを個人輸入する人もいました。ちなみに、「手軽に」「すぐに」「楽に」というキャッチフレーズは、マーケティングで使われる誘惑に弱い人が反応する言葉。このフレーズがつくダイエット方法は、必ず失敗

すると言えます。

医学的に効果が立証されている方法から、眉唾としかいえない方法まで、数かぎりないダイエット情報が氾濫するのは、多くの人が「確実にやせられる方法」を必死で探している証拠のように見えます。

しかし、これはよく考えてみるとおかしな話です。

なぜなら、おそらくほとんどの人は「ダイエットに成功する方法」をすでに知っているからです。


そう、あなたはすでに「絶対にやせる方法」を知っています。

それは、「とにかく続ける」ということです。


どんな方法でも、続ければあとは時間の問題、どんな肥満体の人でもやせることができます。

ところが、ダイエットに挑戦する人は得てして「もっと他によい方法はないか」と考えてしまいます。なぜなら、食べる量を減らすのも、運動する量を増やすのも、簡単ではないからです。

それは、個人を超えて「人類」が抱えている問題だといえます。

私たちの祖先は、長く飢餓と戦ってきました。食べ物は滅多に手に入らず、冬ともなれば飢えに寒さが加わり、命を落とすことは珍しくありませんでした。

その結果、私たちの祖先が生き延びるために手に入れたのが、食べたものを脂肪に変えて蓄積し、飢えや寒さに備える体の仕組みです。

何十万年もの時が過ぎ、現代では人間が飢えや寒さで命を落とす危険性はぐっと低くなりました。先進国では高カロリーの食べ物がいつでもどこでも手に入る飽食の時代、食べたものを脂肪に変えて体内に蓄える仕組みは、すでに不要になったと言えます。しかし、何十万年も続いた人の体の仕組みがそう簡単に変わるはずがありません。今でも人の体は「食べたものを蓄える」ようにできているのです。

栄養価もカロリーも豊富な食べ物がいつでも手に入る時代だというのに、私たちの体は「次はいつ食べられるかわからない」飢餓の時代を覚えていて、食べたものは脂肪として蓄えるし、できるだけ動きを抑えてせっせと蓄えた脂肪が無駄に使われないようにします。そうやって自分の体を守ろうとしているのです。それはもともと人に備わっている本能だということができます。

本能に反しているからこそ、「食べる量を減らす」ことも「運動する量を増やす」ことも、大きな困難が伴うのです。

摂取カロリーを減らし、なおかつ消費カロリーを増やすのがとてつもなく難しいのは、それが私たちの体に刻まれた人類の本能に逆らう行動だからなのです。

ダイエットをやり遂げるために必要なたったひとつの力とは

確実にやせる方法はあります。しかし、それは人間の本能に反する行動です。しかも、急激な変化に本能は必ず対抗しようとします。つまり、体重が落ちれば落ちるほど、本能はそれを元に戻そうとするのです。これに打ち勝つには、時間をかけて少しずつ体重を落とすように、地道なダイエットを続けることしかありません。

これを聞くと、「やせたいと思っていろいろ試してみるものの、いつも失敗に終わってしまう」人はこんなふうに思うことでしょう。「食べる量を減らして運動する量を増やすやせ方はやっぱり無理なんだ。もっと別の方法はないの？」と。もしかすると

序 → ダイエットした人の9割はむしろ太るという事実

「もっと簡単に、苦労なくやせる方法があるのでは」と思うかもしれません。

繰り返しお伝えしますが、**「続けること」ができれば、どんなダイエットでも必ず効果があるのです。**

こう断言したとき、多くの人は「それは我慢に我慢を重ねることだ」と思うことでしょう。さらに「意志が強くなければ達成することはできない」と思い、「自分には無理だ」と結論付けてしまうかもしれません。


本書は、そうした「自称・意志が弱い人」に向けて書いたダイエットの本です。

「我慢がつきもの」「根性が不可欠」とは、ほとんどの人が持っているダイエットのイメージではないでしょうか。

しかし、最初に申し上げておきますが、「我慢」と「根性」の力に頼ろうとするダイエットは、必ず失敗します。後ほど詳しく説明しますが、人は「食べたい！」と我慢すればするほど、食べてしまうものだからです。

スタンフォード大学の健康心理学者、ケリー・マクゴニガルによると、人は「食べてはいけない」と思うと1・5倍食べたくなるのだとか。2007年の研究では、ダイエットによる減量効果や健康上のメリットはほとんど認められず。むしろ害になっていると発表されました。

理想なのは「意識しなくても食べる量を減らせること」であり、「無理せずに低カロリーの食事を選べること」であり、「運動が習慣となること」。そのために必要なのが、「ウィルパワー」です。

ウィルパワーを日本語に直せば「意志力」。こう聞けば、皆さんは「ほら、やっぱり意志の力が必要ではないか！」と思うことでしょう。

一般的に使われる「意志力」には「我慢」「根性」がつきものではないでしょうか。しかし、ウィルパワーはまったく別物です。

「ウィルパワー」は、いってみれば脳の体力であり、筋力。

たとえばどこからか美味しそうな匂いが漂ってきた瞬間、「食べたい！」と思ったとします。こうしたとき、ウィルパワーが弱いと「食べたい！」「でもダイエット中だから食べてはいけない」「わかっているけれど、やっぱり食べたい！」と激しく葛藤してしまうのです。ところがウィルパワーが鍛えられていれば、仮に「食べたい」と思ったとしても、「今はお腹も空いていないし、食事の時間ではないからいらない」

とすぐ判断でき、葛藤することはありません。

頑張って食事を制限しなくても余分な脂肪は自然に落ちて理想的な体型になり、しかもリバウンドすることなく、理想的な食事と生活の習慣を身につけることができます。

こうなれば、ダイエットはつらいものではなくなります。

私はトレーニングのプロでもなければ、栄養学の専門家でもありません。ですから、最新のトレーニング方法やダイエットメニューをご紹介することはできません。

その代わりに、ウィルパワーを鍛えてダイエットに活用する方法や、心理学を使って食事の量を減らす方法をご紹介します。

今まで数々のダイエットに挑戦しては途中で挫折してしまった経験や、一時的にやせてもリバウンドした経験のある人の中には「もっと手っ取り早くやせる方法が知りたいのに」と思う人もいるかもしれませんね。だとしたら、私はこんなふうにお伝えしましょう。「だとしたら、あなたがかつて挑戦したダイエット方法にもう一度取り組んでみてください。それを続けることができれば、あなたは確実にやせることができるはずです」と。

あなたがダイエットという心理戦に負け続けているのは、あなたが選んだダイエット方法が悪いわけではなく、ただダイエットを続けるために必要な、ウィルパワーが不足しているだけなのです。

そう、つまりウィルパワーとは、ダイエットを続けるための脳の力。

たとえ面倒でもやるべきことを「やる力」。
誘惑があっても「やらない力」。
目標を思い出して実現しようとする「望む力」。
それが、ウィルパワーです。

ウィルパワーを鍛えることで健康的な食習慣や、運動習慣が身につくようになれば、「ダイエット」を意識しなくても、体は次第に引き締まっていき、さらにリバウンドすることもなくなります。

それだけではありません。ウィルパワーは本来、自分をコントロールする力なので、ウィルパワーを鍛え、味方にすることで、仕事や人間関係など、今までうまくいかずに悩んでいたことがうまく回るようになるのです。

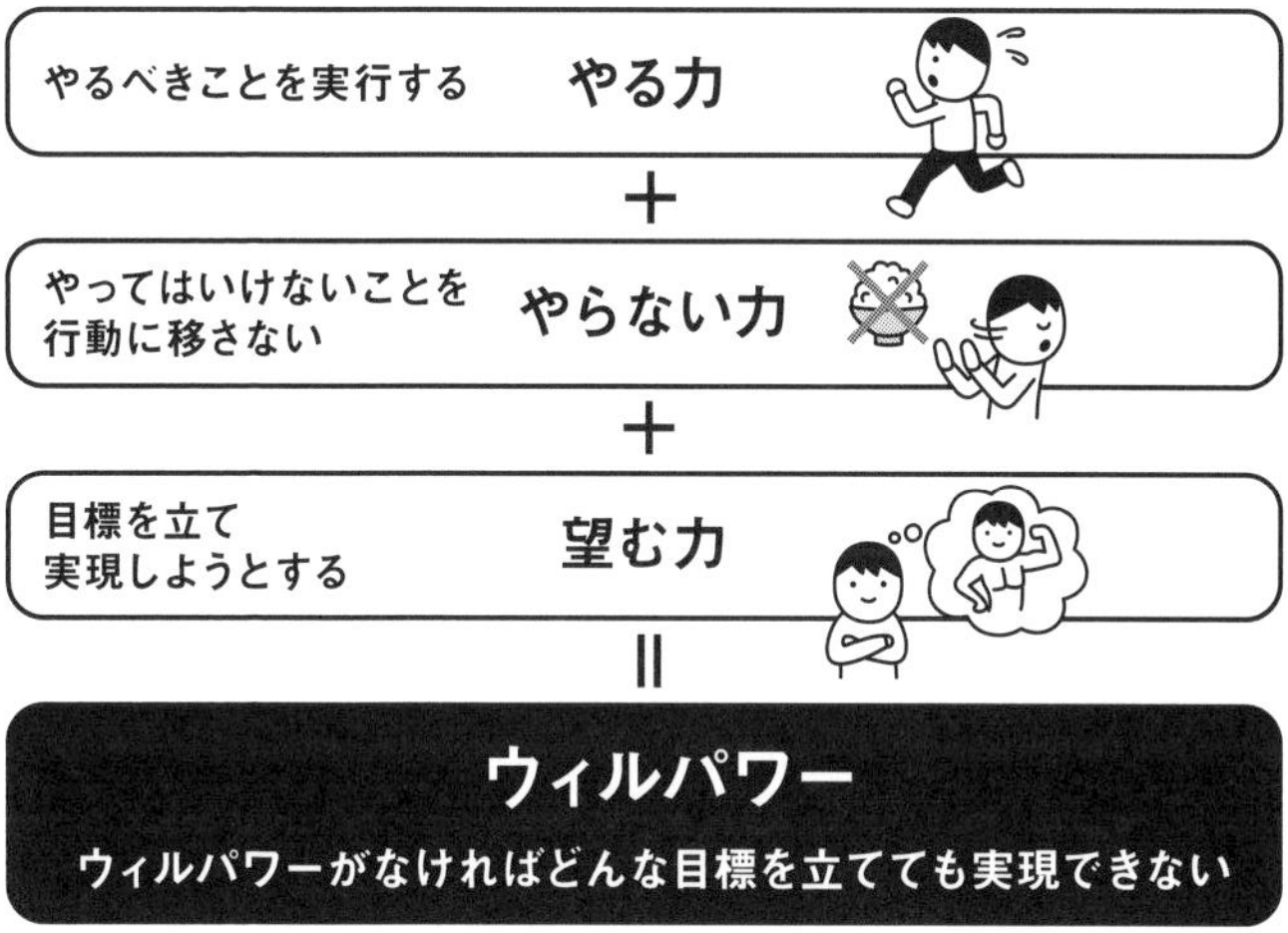
やるべきことを実行する
やる力
+
やってはいけないことを行動に移さない
やらない力
+
目標を立て実現しようとする
望む力
=
ウィルパワー
ウィルパワーがなければどんな目標を立てても実現できない

つまり、人生の悩みが少なくなるといっていいでしょう。

ウィルパワーとは脳の体力だとご説明しました。つまり、鍛えれば鍛えただけ増強し、今まではできなかったことも、なんなくできるようになります。

さあ、ウィルパワーを鍛えましょう。

きっとあなたの人生がもっと充実してくるはずです。

目次

2章

食心理学で「食べたい」を制する――55

3章

ダイエットが続く、この心理学！ —— 87

4章 ダイエットを習慣化するための心理学 ―― 145

5章

カバーデザイン　萩原弦一郎、戸塚みゆき（デジカル）
撮影　中島慶子
スタイリスト　松野宗和
ヘアメイク　永瀬多壱（VANITES）
本文デザイン　玉造能之（デジカル）
本文イラスト　大塚たかみつ
編集協力　堀田康子
衣裳協力　アディダスグループお客様窓口　TEL０５７０・０３３・０３３
ハイドロゲン／三喜商事　TEL０３・３２３８・１３８５

1章

ダイエットが成功する3つの心理条件

必勝ダイエット法・1
我慢しない

もし「ダイエットに必要なものは何か」という質問があったら、その答えには、「精神力」「固い決意」「我慢」「根性」あたりがまず挙がってくる、これが多くの人の「ダイエット」に対するイメージではないでしょうか。

たとえば、「やせたい」と思った人は、まず「ダイエットしよう！」と決意します。

そして、多くの人は次のようなことを考えるのではないでしょうか。

どんなに好きでも、甘いものやカロリーの高いものは我慢する。

もっと食べたいと思っても、腹八分目で我慢する。

きついトレーニングメニューを根性でやり遂げる。

いずれも「自分がやりたいこと・ほしいもの」は我慢し、「できることならやらずにすませたい、やりたくないこと」を根性でやろうとします。つまり、「本能に逆らった行動」を取ることが、ダイエットに不可欠だと信じているのではありませんか？

こうなると、当然のごとくダイエットは「きつい・つらい・過酷」なものになっていきます。その結果、「自分には無理」とダイエットを始める前に諦めてしまうことも多くなります。そして、自分の「精神力の弱さ」や「根性のなさ」を嘆いたり、開き直ったり、自己嫌悪に陥ってしまうようです。その結果が、前述した「ダイエットで減量したアメリカ人の95％はリバウンドしている」という統計データです。

ダイエットにもさまざまな種類がありますが、**どのダイエットを行っても、それが科学的根拠のある方法なら、ダイエット効果はほぼ同じことがわかっています。**

それなのに95％の人がダイエットに失敗し、ダイエットする前よりも体重を増やしてしまう理由は、ごく単純なものです。それは、単に続けられなかっただけのこと。

ダイエットは、続けさえすれば必ずやせられるのです。

ダイエットを続けられないその原因は、多くの人がダイエットに欠かせないと信じている「むやみな我慢」にあります。

たとえば、仕事の合間に飲む缶コーヒーや炭酸の利いた甘いジュース、新作の生クリームたっぷりのシェイクなどの大好きな甘い飲み物や、ランチの後のデザート、コンビニのスイーツなどはダイエットの天敵だということはハッキリしていますよね。だから、「やせよう！」と決意をした人は、これらの天敵と断固戦うことを誓います。「大好きだけど、我慢する」というわけです。

もし、この誓いをずっと守り通すことができるなら、たとえ少しずつだとしても、あなたはきっとやせていくことでしょう。そう、考えてみれば、ダイエットはなんと簡単なことでしょう。大好きなカロリーの高いものを食べなければいいだけなのですから。

ところがそれがうまくいかないことは、皆さんもご存じですよね。どんなに我慢しても、どんなに固い誓いを立てても、あるときふと、「つい」とか「ちょっとだけなら」といって食べてしまうのです。

一度誘惑に負けてしまうと、もう最初に立てた「誓い」なんて消し飛びます。もういいや、とばかりに前以上に食べてしまうことも、よくあります。

心理学では、これを「もうどうでもいい効果」と呼びます。

炭水化物や糖分が多く、家庭の味や楽しい思い出と結びついているような食べ物——これをコンフォートフードといいます——を我慢するダイエットは、まず長続きしません。一時的に控えることができたとしても、何かのきっかけで元に戻ってしまうのです。元に戻るどころか、我慢していた分を取り戻す勢いで大量に食べてしまい、ダイエットを始める前よりも太ってしまう……これがリバウンドです。

誰もが「なんて精神力が弱いんだろう」と自分の情けなさを嘆くシーンでしょう。しかし、こんなことで自己嫌悪に陥る必要はありません。アメリカで行われた実験によると、**人は「太りそうな食べ物を我慢すればするほど、それを食べたくなる」もの**だということがわかりました。ストレスの研究でも知られるケリー・マクゴニガルによると、24時間タバコを我慢した喫煙者はアイスクリームをドカ食いする確率が高くなるそうです。大好きなカクテルを我慢した人は持久力のテストで体力が落ちるという結果も出ています。つまり、**人は我慢すればするほど、「やってはいけないこと」をやってしまうものなのです。**

我慢すると1・5倍食べたくなり、2倍食べてしまう

ダイエットしようと決意をする。高カロリーの食べ物は控える。甘いものや脂っこいものなんかもってのほか！とばかりに、低カロリーでヘルシーな食事をする。たとえお腹が空こうが、食事の時間が味気ないものになろうが、理想の体を手に入れるまで、我慢と節制を続ける――。

こんなふうに悲壮な決意を固めた人にとって、日々の暮らしは過酷です。先ほど、「人は我慢すればするほど、やってはいけないことをやってしまうもの」だと説明しましたね。「太りそうな食べ物を我慢すればするほど、それを食べたくてたまらなくなる」のだと。それは人としてごく当たり前の反応なのですが、そうしたごく当たり前の人たちにとって、現代社会は残酷です。なぜなら、少し歩いただけで、「食べたいもの」「だけど、食べてはいけないもの」があちこちに並んでいるのですから。

野菜中心のヘルシーな夕食を作るためにスーパーに行くと、惣菜コーナーにはたくさんの揚げ物が美味しそうな香りを放っています。ヨーグルトを買おうとすれば、す

ぐ隣にケーキが売られています。帰り道の途中にはいい香りのベーカリーもあれば新しくできたラーメン店もあるし、ミネラルウォーターを買うために寄ったコンビニには、スナック菓子がたくさん並んでいます。

これらを目にするたび、香りを嗅ぐたび、「食べたい」という欲求が湧き上がってきます。それを必死に我慢し続けているとある日「やってはいけないことをやってしまう」日が訪れるのです。

1回くらいなら、と思うかもしれません。今まで頑張って我慢してきたのだから、今日だけは特別、明日からまた頑張って我慢すればいいと自分に言い聞かせて、誘惑に負けて食べてしまうのです。

すると、その瞬間、脳ではとんでもないことが起こります。

人は、一度誘惑に負けて食べてはいけないものを食べると、脳がパニック状態に陥ります。「一口だけ」と思っても止めることができなくなるなど、食欲のコントロールができなくなってしまうのです。たとえば、ダイエット中に我慢していたスナック菓子をどうしても食べたくなり、「ひとつだけ」と袋を開けて口にしたとたん、次から次へと食べてしまい、結局袋が空になるまで食べてしまった、という経験をしたことがあるでしょう。

誘惑に負けてしまうと、それ以前より欲求を我慢できなくなります。その結果、前以上のドカ食いが起き、もう「食べることを我慢する」という状態には戻れなくなってしまうのです。さらに、飢餓ホルモンと呼ばれるグレリンの働きで、前よりもっと食べたい気持ちが増してしまうのです。

ところで、私たちは1日のうちに何回「食べ物」について決断をしていると思いますか？「食べ物」についての決断とは、食べるか食べないか、食べるなら何にするか、などです。駅の売店でガムが目に入った瞬間、「ちょっと甘いものがほしいかも。でももうすぐ電車が来るからいらない」と決断する。デスクの引き出しに入っているチョコレートを見て、一瞬「食べようかな」と思って、やめる。昼休み、どの店でランチを食べようかと悩み、そして決める。店に入ったらどのメニューにするか、決める。などなど、自分で意識していなくても、私たちは実に多くの「食べ物」に対する決断を繰り返しています。コーネル大学教授、ブライアン・ワンシングが行った研究によれば、**私たちは1日でなんと200回以上も、食べ物についての決断をしているといいます。**

ダイエットを決意し、カロリーの高い大好きな食べ物を我慢することを誓います。それは、無意識に行っていた1日200回もの食べ物に関する決断のひとつひとつに、「食べないようにするぞ」と意識的になることを意味しています。

いかがでしょう。改めて考えると、それだけで疲れてしまいませんか？「食べることを我慢する」ことなど、そもそも不可能なのです。

先ほど、「コンフォートフードを我慢しようとしても、それは一時的なものでかえってドカ食いを招く」と説明しましたね。たとえば我慢しきれず「もういい！」とダイエットに挫折するケースもありますが、一時的に体重が落ちて「ダイエットに成功した！」と思ったあとに安心してドカ食いに走ってしまうケースも、よくあること。いずれにしろ、「我慢した結果、たくさん食べてしまう」ということは紛れもない事実。ケリー・マクゴニガルによると、「食べたいものを禁止すると、1・5倍欲しくなる」のだとか。これ、振り返ってみると思い当たる方も多いのではないでしょうか。

もうわかりましたね。**ダイエットを成功させるには「我慢」は禁物なのです。**

必勝ダイエット法・2
体重計に乗らない

数あるダイエット方法の中で「これは必須」とばかりに登場するものといったら、「毎日きちんと体重を計る」ということではないでしょうか。「朝と夜、決まった時間に1日2回体重を計るだけでやせる」という、テレビ番組発の「計るだけダイエット」もよく知られています。体重計の数値に一喜一憂するのは誰しも経験があることでしょう。しかし、デジタル体重計を使って100グラム単位で増えた、減ったと喜んだり嘆いたりするのは、実は意味のないことだということを知ってほしいと思います。

そもそもダイエットしたい人の多くが、「体重を落とさなくては」と思っていること自体、大きな勘違いなのです。

特に若い女性ほど、体重という数値にとらわれる傾向があります。その理由は、テレビや雑誌に登場する、スレンダーな女優やモデル。彼女たちは一般人と比べて驚くほどやせています。それはテレビなどの画像や印刷物になると実物より少し膨張して見えることが原因かもしれません。ファッションモデルの場合は最先端のモードを着こなすため、脂肪がついていない体を求める傾向もあります。フランスでは拒食症患者が約4万人に上り、社会問題となりました。そして、あるスーパーモデルが拒食症によって死亡したことをきっかけに、やせすぎているモデルがショーに出ることを禁止するだけでなく雇用することも禁じた法律を定めました。日本ではここまで問題は顕在化していませんが、極端に細い芸能人に憧れる若い女性は後をたちません。

彼女たちがやせた芸能人に憧れ、自分もそうなりたいと思ったとき、具体的に目標とするのはそのボディラインではなく、体重です。やせた芸能人が公表している体重は、たとえ身長が170センチ近くあっても40キロ台前半です。平均的な身長では30キロ台という人さえいます。こうした芸能人に憧れる若い女性にとって、どのような身長であれ、またどのような体型であっても50キロに突入したら「太っている」と決めつけてしまいます。

たとえ体重が軽くても、筋肉がなくて脂肪が多い、いわゆる「隠れ肥満」もいます。対して筋肉量が多いため体重は重いけれど脂肪が少ない人もいます。

体重は軽いけれどお腹がぽっこり出ている体型と、体重は重いけれど引き締まった体型と、どちらが美しく健康的なのかは、言うまでもありません。

毎日体重計に乗って自分の数値にこだわっていると、そもそものゴールを見誤ってしまいかねません。目指すべきなのは現状よりも何キロか軽くなることではなく、余分な脂肪がついておらず、形のよいボディラインを手に入れることのはずです。

こう説明すると、「でも、体脂肪率はきちんと計っておくべきでは」と反論されるかもしれませんね。確かに、体脂肪率が低いほど、余分な脂肪がない引き締まった体だということができます。

「15～25％が理想の体脂肪率」と思い込んでいる人も多いようですが、体脂肪率は年齢、性別によって理想の数値が変わります。ちなみに男性は体脂肪率10％以下、女性は15％以下で腹筋が割れます。ですから、まずは自分にとって理想的な数値を知ることは、理想的な体型を目指すという目的を達成するためにとても重要です（次頁図参照）。

しかし、仮に理想の数値を知ったところで、それを目指すことは簡単なことではありません。定めた目標に向かって努力するとき、まず欠かせないのは現状の自分を把

男女別・適正体脂肪率

	男性		女性	
	30歳未満	30歳以上	30歳未満	30歳以上
適正値	14～20%	17～24%	17～24%	20～27%
肥満	25%以上	25%以上	30%以上	30%以上

※1993年度より適用の東京慈恵会医科大学の判定基準

握することです。ダイエットの場合だと、自分の体脂肪率を知ることがこれにあたります。ところが「自分の体脂肪率を把握する」ことが難しいのだということをご存じでしょうか。「そんなはずない。体脂肪計つきのヘルスメーターに必要なデータを入力するだけで、簡単に計れる」と思っているでしょうね。

しかしながら、残念なことに家庭用のヘルスメーターで正確な体脂肪率を計ることは不可能なのです。

正確な体脂肪率の計算方法は次頁に記しましたので、ご覧ください。

この計算式なら正確な体脂肪率を算出することができます。

しかし、「体脂肪の重さ」など、わかるはずがありません。
そこで登場するのが、体脂肪計です。
体脂肪の測定方法には、次のものがあります。

・**水中体重秤量法**……水中に全身を沈めて中にある体重計で体重を計り、大気中で測った体重との差から身体密度を測定する。
・**空気置換法**……密閉された装置内に入って空気の圧力の変化を測定して身体密度を計測する。
・**二重エネルギーX線吸収法**……二種の異なる波長のX線を全身に照射してその透過率の差から身体密度を計測する。
・**皮下脂肪厚法**……皮下脂肪厚計を用いて皮下脂肪の厚さを測定し、その後計算式で計測する。
・**生体電気インピーダンス法**……体に微弱な電流を流した際の流れやすさ（電気抵抗値）を計測することによって体組成を推定する。

体脂肪率の計算方法

体脂肪率（%）＝ 体脂肪の重さ（kg）÷ 体重（kg）

このうち、比較的正確な測定法とされるのが「水中体重秤量法」で他の測定方法の基準とされていますが、大掛かりな装置が必要で個人が気軽に計れるものではありません。そこで登場したのが体脂肪計です。体重も計ることができる、金属製のプレートがついたヘルスメーター、立ったまま両腕を伸ばし、両手で持って計るものなどさまざまです。いずれも金属製のプレートを通して微弱な電流を流す、「生体電気インピーダンス法」が採用されています。脂肪は油脂でできているのに対し、内臓や筋肉は多くの水分を含んでいます。微弱な電流を流したとき、電気を通しやすい体は体脂肪が少なく、電気を通しにくい体は体脂肪が多い、と推定されます。いずれもあらかじめ入力した年齢や性別、身長のデータと電気の通しやすさ、そして体重を基に、1キロあたりにどのくらい体脂肪があるかを計算して体脂肪率を算出しています。

実際にこれを使って体脂肪率を測ったことのある人なら、その数値がしょっちゅう変動することはよくご存じでしょう。1〜3%の違いはざらにあるし、ひどいときには5%も違うときがあります。

もし体重が60キロあったとしたら、体脂肪率1%の違いとは600グラムのこと。

45キロの人だとしても、450グラムも違います。1日でこれだけの量が増えたり減ったりすることは、ちょっと考えられませんよね。体脂肪計で測った体脂肪率はかなり誤差が大きく、些細なことが原因で数値が変わってしまいます。

そのいくつかを挙げてみましょう。

・**飲食したあと**……飲食したあとは、食べたものや飲んだものを消化するため胃や腸に血液が集まってきます。そのため、手足など末端の血液量、水分量が減ってしまいます。体脂肪測定のための電流を通すプレートに触れる手足の水分量が少ないため、体脂肪率は通常よりも高く算出されてしまいます。

・**風呂上がり**……お湯に浸かることで体に水分が吸収されます。体の水分量が普段よりも多くなり、通常よりも体脂肪率は低く算出されます。

・**運動後**……運動することで筋肉に疲労物質がたまります。これには保水効果があるため、体脂肪率は通常よりも低く算出されます。

・**徹夜などで過労状態**……疲れがたまっていると水分代謝が悪くなり、体がむくみます。水分が排出されず体内にたまっている状態なので、体脂肪率は通常より低く算出されます。

・**冷えやほてり**……体温の変化も体脂肪率の測定値に影響を与えます。体温が高いときは体脂肪率が低く、体温が低いときは体脂肪率が高く算出されます。

・**生理中**……生理前に多く分泌される黄体ホルモンは、体内に水分をため込む作用があります。むくみやすくなるこの時期は体脂肪率が低く算出されます。しかし、生理中は経血として水分を排出するため、体内の水分量が減り、体脂肪率が上がります。

これだけの理由で体脂肪率が変わってしまうのです。そのため、メーカーでは「毎日決まった時間に計ること」をすすめています。それでもトイレに行ったか、その日の体調などによって体脂肪率が変わってしまうのですから、「1％減った！」「2％増えた！」と一喜一憂するのは、はっきりいって無駄なのです。

初めの3カ月間は体重計に乗ってはいけない心理学的な理由

ダイエットを始めてから3カ月は体重計に乗らない方がいいのは、数値があてにならないから、という理由だけではありません。

あとで詳しく説明しますが、どんなことでも習慣化するまでは66日間かかります。その間に結果が出ないと、習慣化する前に諦めてしまうのです。

食事の量を減らしたり、脂っこいものやカロリーの高いものを控え、一駅余分に歩くなど運動を心がけ……と、一生懸命ダイエットに取り組むと、人は体重・体脂肪率という数値に敏感になります。体重なら100グラム単位、体脂肪率なら1％単位で一喜一憂を繰り返すのは、誰もが経験あることでしょう。

しかし、一生懸命ダイエットを頑張ってきたのに、あるとき誘われた飲み会でつい食べ過ぎて体重や体脂肪率が増えてしまったとき、あなたは心から反省し、「もう一度仕切り直して」と再び一から頑張ることができるでしょうか。

「せっかくやせたのに、たった一日食べ過ぎただけで体重が元に戻ってしまった」という現実を前にしたら、誰もが心の底からがっかりしてしまうはずです。気力はどん底まで落ちてしまうかもしれません。

こうした心理状態から、「失敗してしまったのは仕方ない。もう一度最初から頑張ろう」と思えるほど、人の心は強くありません。「もういいや」と諦めてしまい、「どうとでもなれ」と自暴自棄に陥ってしまう。すると、今まで我慢していた分を取り戻すように、たくさん食べてしまうのです。

では反対に、我慢に我慢を重ねて体重や体脂肪率が落ちていたら、どうでしょう。それも、自分が思っていた以上の数値だったとしたら。

こんなとき、人は「この調子でもっと頑張ろう」とは思いません。「こんなに頑張ったんだから、ちょっとはいいだろう」と今まで我慢していたものを食べてしまったり、せっかく続けていた運動を休んでしまうのです。

人は、正しいことをすると少しくらい悪いことをしてもいいという心理状態に陥ります。これが、モラルライセンシングです。

たくさん運動した後にビールを飲みすぎた、レストランでセットのケーキを断った帰り道にコンビニでチョコレートをたくさん買ったなど、その例はたくさんあります。

さらに問題なのは、モラルライセンシングは実際に行動を起こす前、考えただけでも同じことが起こるということ。

アメリカでは「ファストフード店のメニューにサラダを加えたらサラダは大して売れず、最も高カロリーのハンバーガーが爆発的に売れた」というデータがあります。これは「サラダも食べなくちゃ」と考えただけで「正しいことをした」と脳が満足してしまったことを示します。

体重や体脂肪率という数値にとらわれないためにも、そしてモラルライセンシングを起こしてドカ食いをしないためにも、ダイエットを成功させたいなら、毎日体重計に乗る必要はありません。ダイエットの効果が出ているのかどうかを確かめるのは、体重計ではなく大きな姿見を使って自分の体型をじっくりとチェックしたり、きつかったジーンズがどのくらいスムーズにはけるようになったかをチェックするなど、実感できることを指標にしたほうがよいでしょう。最初の3カ月間は、どれだけ続けられているかをモチベーションにして、習慣化を狙いましょう。

「自分へのご褒美」が
モラルライセンシングを起こす

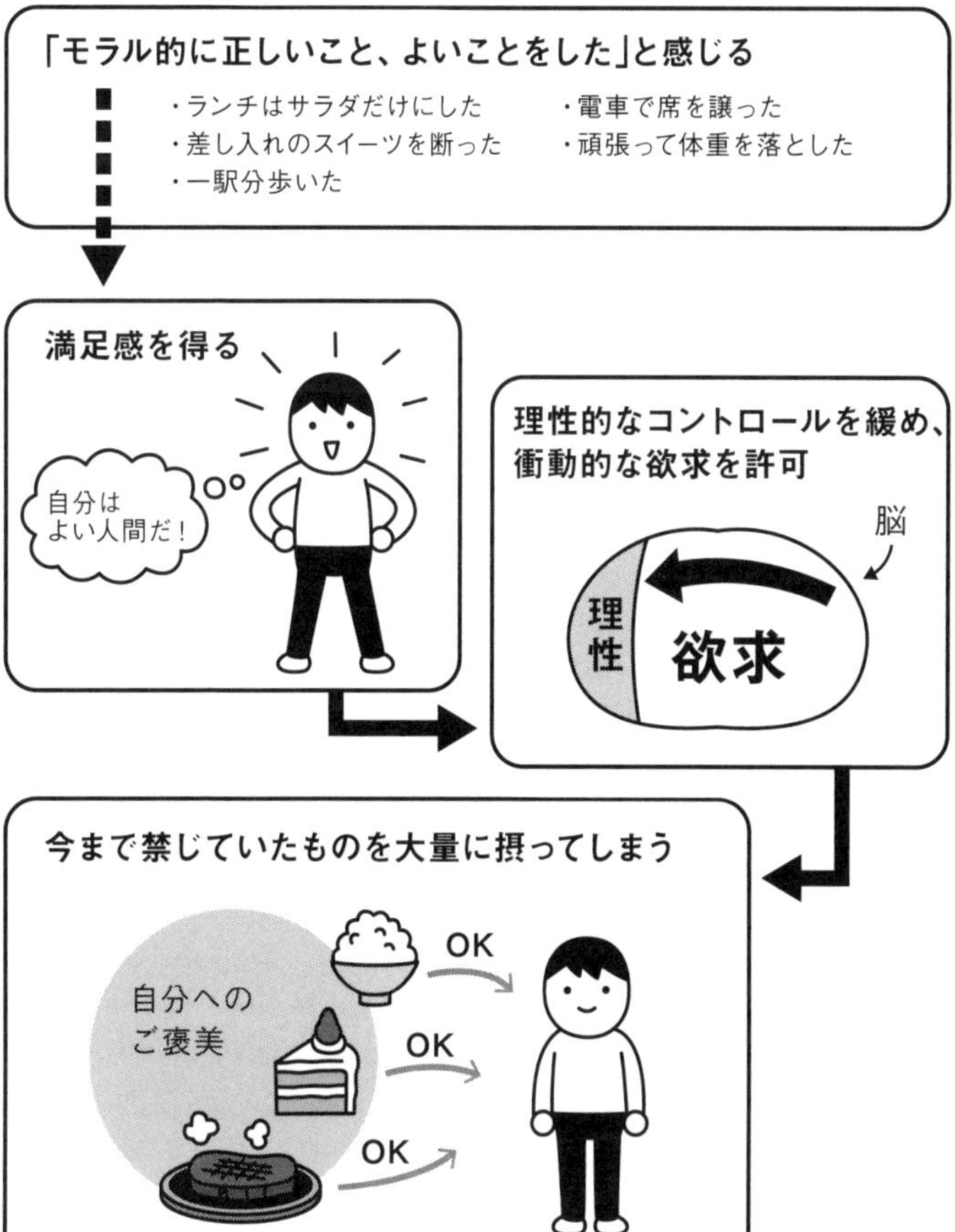

「モラル的に正しいこと、よいことをした」と感じる
・ランチはサラダだけにした
・差し入れのスイーツを断った
・一駅分歩いた
・電車で席を譲った
・頑張って体重を落とした
満足感を得る
自分は
よい人間だ！
理性的なコントロールを緩め、
衝動的な欲求を許可
脳
理性
欲求
今まで禁じていたものを大量に摂ってしまう
自分への
ご褒美
OK
OK
OK

必勝ダイエット法・3
運動しない

やせるためには摂取カロリーを減らし、消費カロリーを増やすのがベストにして唯一の方法。食事の量を減らし、運動量を増やせば、どんな人でも自然と余分な脂肪が落ち、やせていくということは、誰もが知る事実です。

しかし、運動は一度すればそれで終わり、というわけではありません。さらに、短期間に集中してハードな運動をすればそれでいい、というわけでもありません。継続的に運動し続けて習慣化しなければ、やせる効果は現れないし、引き締まった体を手に入れることはできないし、仮に理想の体を手に入れたとしても、それを維持することはできません。

運動は、やり続けること、生活の一部にして習慣にすることが必要なのです。

運動を習慣にした人が異口同音にいうことがあります。それは「やらないとなんだか気持ち悪い、調子が狂う」ということです。それを「毎日の歯磨きや入浴と同じ」と表現する人もいます。毎朝走ったり、ジムに通って筋力トレーニングをするのは、運動をしない人にとっては苦行にしか見えません。しかし、運動が習慣になっていると、それは辛いことではなく、毎日するのが当たり前のことになるのです。

ところが、「やせたい」と思って運動を決意した人は、気まぐれのように腹筋運動をしてみたり、ちょっと家の周りを走ってみるだけでとてつもなく辛く感じます。そして、何回か続けたところで必ず訪れるのが「今日はいいや」という怠け心です。「たまには休息日を作らないと、かえって体によくない」という理屈を持ち出すこともあります。この理屈は確かに正論なのですが、初心者にとっては悪魔の誘惑のような正論といえます。なぜなら、その「休息日」が「運動終了日」になることがとても多いからです。

「何日か腹筋運動（その他のエクササイズ、あるいはランニング）をしてみたけれど、とてもきつくて、一度休みの日を作ったらそれきり終わってしまった」ということは、運動の習慣がない人には当たり前のように訪れる「挫折」です。そして、運動で挫折してしまうと、それまで取り組んでいたカロリー制限や糖質カットなどの食事の取り組みも、運動と同時に終わってしまうことも少なくありません。こうして、ダイエットは三日坊主で終わってしまうのです。

運動を習慣づけるため、ジムに通うのが一番だという人は多くいます。確かに、ジムではトレーニングのプロたちがやせるために効果的な運動方法を教えてくれます。自己流で運動するより効果的だし、体を痛めることもなく安全です。派手なテレビコマーシャルで、そして自宅のポストに入ってくるチラシで、ジムはその効果を訴えてきます。それを見て、自分を変えたいと決意してジムに入会する人はたくさんいます。あなたも、ジムに入会したことがあるのではないでしょうか。

自己流の運動とは違い、ジムならきっと続くと最初のうちは思います。高いお金を払っていることも、通い続ける動機になると考えるのです。

ところが、ジムに入会した人の全員が通い続けることができるわけではありません。「今日はいいや」という「自称・休息日」が訪れ、そしてそれきり行かなくなってしまうのです。

世の中にはこうした「ジムに入会したもののいつの間にか通わなくなってしまい、ただ会費だけを払い続けている」状態の人がたくさんいます。いっそのこと退会してしまえばいいのに、「今はちょっと休憩しているだけ。また通い始めるから」といって籍を残す、つまり会費を払い続けるのです。

ジムに入会した人のうち、どのくらいが退会してしまうかについては、さまざまなデータがあります。1カ月で3～4%の人が辞めていくというデータもあれば、ある大学院生が修士論文のために行った調査では、年間30～40%もの人が退会するという結果を出しました。これは正式に退会するケースですから、「ずっと会費を払い続けている（つまり、退会はしていない）けれど、まったく通わなくなってしまった」というケースは入っていません。こうした「幽霊会員」を計算に加えて「ジムに通い続けている人」の割合を計算すると、その数字はかなり小さなものになると予想できます。

理想の体重より、理想の体型

ダイエットで重要なのは「体重」ではなく「体型」。体重や体脂肪率の数値より、サイズに目を向けましょう。

理想の体型比率

女性／バスト：ウエスト：ヒップ＝10：7：10
男性／肩幅：ウエスト幅＝10：6

「習慣化」するには66日間続ける必要がある

何かを習慣にするために必要なのは3週間、つまり21日間続けることだと言われてきました。ところが、21日間の継続で習慣化できるのは、「朝起きたら水を飲む」といったレベルのごく簡単なものだけ。運動や勉強など複雑なものの場合はこうはいかないということがロンドン大学の研究でわかりました。**習慣化に必要なのは、66日間なのです**。だから、今まで運動をしてこなかった人がジムに入会してもすぐやめてしまうのは、無理もないことだといえます。

これはむしろ、こう言い換えることができます。

「挫折してしまうのは、何日間続ければそれが自分の習慣になり、続けることが楽になるかがわかっていないから」だと。

初めはどんなに辛いと感じたことでも、66日間続ければ身について辛さを感じることはなくなるのです。

どんなにメリットがあることでも、「習慣にする」ことは、簡単なことではありません。なぜ、正しいとわかっていながら、継続することができないのでしょう。

それは、習慣化するために不可欠なものを身につけていないまま、無理に始めることに大きな原因があります。

それこそが**継続するための脳の力、「ウィルパワー」**なのです。

ウィルパワーがあれば、どんなことでもやり遂げることができます。しかも、頑張る必要もなければ、辛さを我慢したり辛抱する必要もありません。ごく簡単に、当たり前のことのように、それを習慣としてやり続けることができるようになるのです。

反対に言えば、ウィルパワーが弱い段階では、どんなに正しいこと、大きなメリットがあることでも、やり続けることはできません。そのうち誘惑に負けて、「今日はいいいや」という日が訪れ、そのまま目的を達成する前にやらなくなってしまうのです。

先ほど、ジムの退会率に関する調査結果をご紹介しました。その中には「入会者の1割が入会した1カ月後に退会している」というデータもあります。これはまさしく、「ウィルパワーがなければ、どんなによいことも習慣にできない」ことを証明している数字といえるでしょう。

くり返しになりますが、やせようと思ったら食事の制限に加えて、運動をすることが欠かせません。しかし、**ウィルパワーがない段階で運動しようとすると、たちまち挫折してしまうのです**。自宅での筋トレやジョギングなど簡単なことから挑戦したものの、3日と経たないうちにやらなくなってしまった経験のある人は、多いことでしょう。中には「自分でやろうと思ったのが間違い。プロに教えてもらえば、お金も払っているのだしきちんと通うようになるはず。しかも正しいやり方を教えてもらえるから、結果も早く出るはず」という人もいます。しかし、それがジムであれ、プールであれ、他の運動施設であれ、ウィルパワーがない段階で始めて同じことが起こります。結局、やめてしまうのです。

このようにして運動に挫折した人は、さまざまなことを考えます。「根性がないからだ」と自己嫌悪に陥ったり、「仕事が忙しいから仕方ない」と自分に言い訳したり、あるいは「場所が遠すぎた」「客層が自分に合わなかった」など、施設のせいにすることもあります。それぞれ原因のひとつではありますが、決定的なものではありません。なぜなら、運動に挫折した、つまり**習慣化に失敗したのは、ウィルパワーのなさが最大要因だからです**。これを自覚しない限り、何度も同じことを繰り返すことでしょう。

ウィルパワーがないのに運動しようとするのは、むしろ逆効果なのです。

ダイエットをしたいなら、いきなりハードな運動するのは、わざわざ自分で挫折の種をまくようなものだと、まずは知ることが重要です。「毎日腹筋運動を100回する」、「家の周りを1時間ランニングする」など、できるはずがありません。それは、今までバッグより重いものを持ったことがないのに、いきなり100キロのバーベルを持ち上げようとするようなもの。「持てなかった……」と自己嫌悪に陥る必要もなければ、「教え方が悪い!」と誰かを責める必要もありません。ただ、自分にその力がないだけなのですから。

ダイエットに運動は不可欠です。しかし、初めの3カ月は、運動をしてはいけません。まずは家の周りを散歩する、目的地まで歩くときはあえて遠回りする、駅で階段を使うなど、「無理せずできる」ことから始めることが重要です。ウィルパワーを鍛えれば、必ず我慢や苦労なく運動ができるようになります。少しずつステップを踏むことが、結果を出すための方法なのです。

まとめ

● **食べたいものを我慢すると、かえって欲求が爆発する**

「我慢」「根性」はダイエットのタブー。我慢しきれず誘惑に負けて食べてしまうと、脳がパニックになり、前以上のドカ食いを招くことに。

● **体重や体脂肪率など、数値にとらわれない**

ダイエット初期は体重や体脂肪率などの数値に変化が現れない。そのため体重計に乗ることはモチベーションの低下を招く。さらに「モラルライセンシング」により食べるきっかけを作ってしまう。

● **66日間続ければ楽になると考える**

ダイエットに運動は不可欠だが、習慣にしなければ意味がない。しかし、習慣化するには最低でも66日間必要。ウィルパワーがないと、結局は挫折してしまう。

2章

食心理学で「食べたい」を制する

空腹でもないのに
つい食べてしまうのはなぜか

食べる量を減らせばやせるのは、誰もが知っている当たり前の常識です。しかし、それを実行する辛さや難しさは改めて説明するまでもありません。

食べることは生きていくために欠かせないこと。食べることは、人間の本能。人間には太古の昔、飢餓に苦しんだ記憶が遺伝子レベルに刻み付けられています。だからこそ、「食べたい」という欲求を抑えるのは困難なのです。

では、ここで質問しましょう。「食べたい」という欲求はどこから、どうして生まれるのかと聞かれたら、あなたは何と答えるでしょうか。

おそらく、ほとんどの人は「お腹が空いたとき」と答えると思います。

ところが、これが間違いだと聞いたら、あなたはどう感じるでしょうか。

「食べたい」という欲求が生まれるのは、必ずしも空腹のときではありません。目の前に食べ物があるとき、「食べたい」と思うのです。

ところが、人は「食べたくなるのはお腹が空いているせい」と考え、まさか「目の前に食べ物があるから、食べたくなっている」とは思いません。これが、余計に食べてしまう大きな原因になるのです。

もし、人が「お腹が空いたときに食べたくなる」のだとしたら、満腹になったところで箸を置くはずです。ところが、実際はそうではありません。充分に食べ、胃袋が満たされてきていたとしても、新しい料理が運ばれてきたらつい箸を伸ばしてしまいます。「お腹がいっぱいになったから」といって、自分の皿に盛り付けられた料理を残したまま食事を終わりにすることもありません。

フードサイコロジストとして活躍するブライアン・ワンシンクは、食べる量と満腹度の関係を調べるため、「底なしスープ」の実験を行いました。これは、テーブルとスープ皿に細工をしてチューブをつなげ、チューブを通して少しずつスープが注ぎ足されるようにし、被験者たちに飲んでもらうもの。つまり、いくら飲んでもどんどんスープが足され、永遠になくならないのです。もちろん、被験者はスープ皿に細工がしてあるとは、夢にも思いません。そして、普通のスープ皿で食事をした人と比べてどのくらい飲んだか、満腹度はどれくらいかを聞きました。すると、彼らは普通の皿でスープを飲んだ人より70％も多く飲んだにもかかわらず、それに気づくことはありませんでした。さらに、お腹がいっぱいになったと答えた人もいませんでした。

ほかにも、チキンを食べたあとの骨を次々片付けてしまうと、骨を片付けずにボウルに残していったグループに比べて倍近く食べてしまう、というものもあります。

ふたつの実験でわかることは、食事を終わらせるきっかけは満腹度にあるのではなく、皿が空になったかどうかにあるということです。**人は目の前にあるだけ食べてしまうのです**。「自分の適量は、自分が知っている」というのは幻想でしかありません。人は食べることに対して無意識なのです。

いつも通りに食べているのに、気づかないうちに太ってしまった、という経験はないでしょうか。これは「いつも通りに食べている」というのが勘違いに過ぎず、いつの間にか、自分でも気づかないうちにたくさん食べている証拠です。

しかし、これを逆手にとれば、「いつもと同じ量を食べている」つもりで、気づかないうちにいつもより少なく食べることが可能になります。もし、いつもより食べる

いつもより多く食べてもそれに気づかない

量が少ないことに気づかなければ、「食べたいという欲求を我慢している」ことに気づくことはありません。

「気づかないうちに太っていた」を逆転させて、**「気づかないうちにやせていた」ことが実現できるのが、食心理学を使ったダイエット法**です。自分を騙して無意識のうちにやせることができる方法を、ご紹介しましょう。

100キロカロリーまでの食事制限なら、脳は気づかない

やせたいと思う人がまず取り組むのが、「食べる量を減らす」というダイエット方法ではないでしょうか。

どのくらい摂取カロリー量を減らせばやせるかを考える前に、厚生労働省が算出した、年齢別の1日の推定エネルギー必要量をごらんください。

カロリー制限を行う際、1日の摂取カロリーをどのくらいに抑えればよいかを調べたところ、男性で1500キロカロリー、女性で1300キロカロリーという数字が出てきました。年齢や身体活動レベル（1日どのくらい動くかの目安）によって数字は変わりますが、必要エネルギーより1000キロカロリーくらい減らすということですから、確かに早いペースでの減量が可能になることでしょう。

しかし、それはあくまでも理論上は、ということ。1000キロカロリーも摂取量を減らすということは、我慢の日々を送ることを意味します。

推定エネルギー必要量（kcal／日）

年齢区分	男性	女性
15～17歳	2,850	2,300
18～29歳	2,650	1,950
30～49歳	2,650	2,000
50～69歳	2,450	1,750

※身体活動レベルⅡ（ふつう）の場合
※厚生労働省「日本人の食事摂取基準（2015年度版）」より抜粋

食べたいという欲求を我慢することは、「飢餓」の恐怖に耐え抜くことを意味します。現代人のほとんどは「飢え」の苦しみを知りません。しかし、それは遺伝子レベルで私たちの脳に刻みつけられているのです。

人間の体は、長い時間をかけて飢餓に備えて進化しました。摂取カロリーが少なくなる、つまり飢餓状態に陥ると体は節約モードに切り替わり、エネルギーの燃焼の出力を落とします。つまり、脂肪の燃焼を抑えてしまうのです。その結果、「食べる量を減らしているのに、一向に体重が落ちない」という状態になります。

そしてそのあげく「もういい！」とダイ

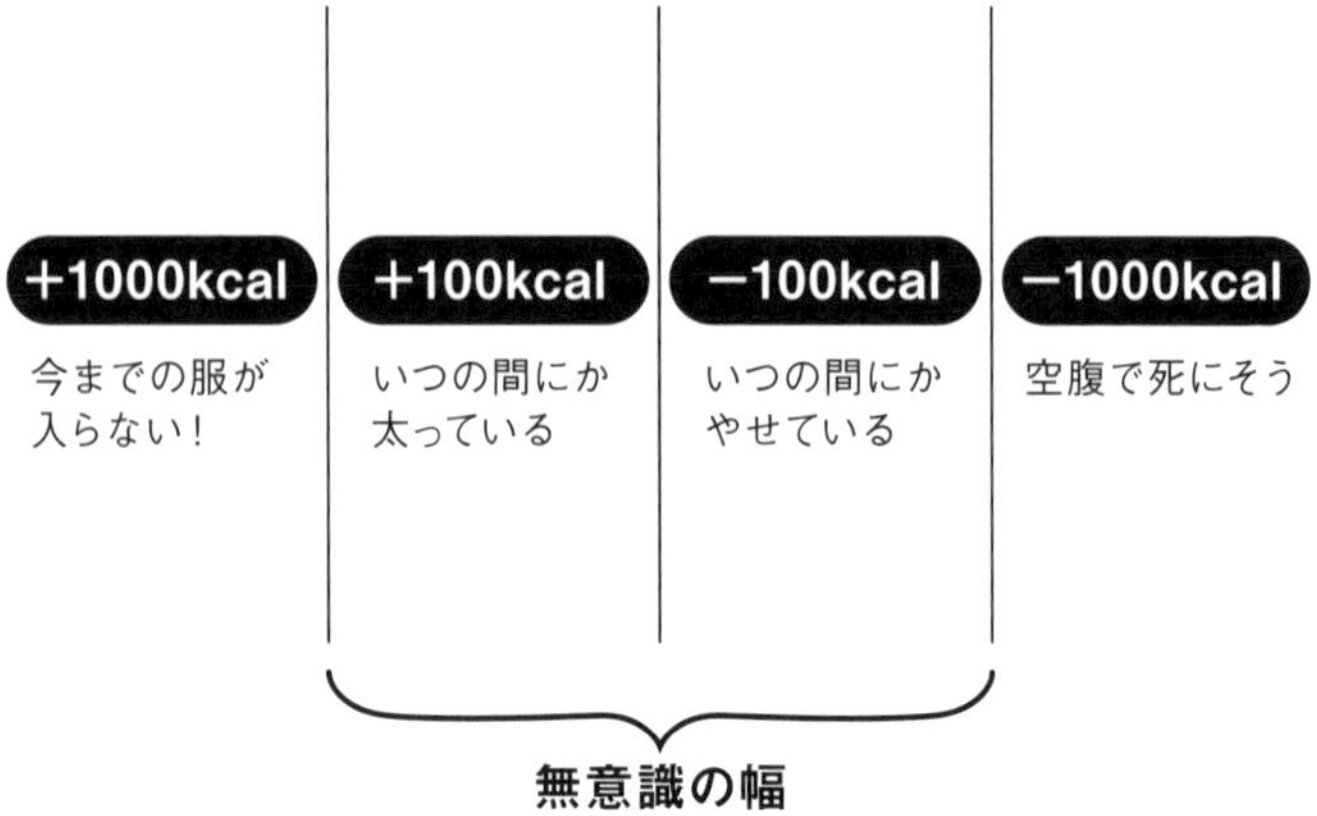
+1000kcal
今までの服が入らない！
+100kcal
いつの間にか太っている
−100kcal
いつの間にかやせている
−1000kcal
空腹で死にそう
無意識の幅

エットなど放棄して、前以上に食べるようになってしまいます。それが、リバウンドの仕組みです。

カロリー制限のダイエットは、体が飢餓の記憶を思い出さないよう、そして脳が「食べる量が足りない」と気づかない幅に抑えることが不可欠です。

人は自分で食べる量について無自覚です。しかし、食べた量が1000キロカロリー多いと、「さすがに食べ過ぎた」と自覚します。少ない場合も同様です。食べる量が1000キロカロリー減ると、「お腹が空いてフラフラする」という状態になります。ところが、100キロカロリーという量なら、脳が「カロリーが足りない」と気づくことはありません。これが、**「無意識の幅」**です。

早く結果を出そうと思って、極端に食べる量を減らしてカロリーを制限すると、体も脳も「足りない！」とパニック状態に陥ります。2500キロカロリーと1500キロカロリーの差は強烈なまでに自覚できますが、2500キロカロリーと2400キロカロリーの差は感知できません。この無意識の幅のおかげで、1年も経てば4キロもやせることが可能になります。たとえばショートのホットカフェラテ（約150キロカロリー）をお茶に変えれば7・8キロ、ホットのカフェラテをアイス（約100キロカロリー）に変えるだけで2キロ、ガム1枚（約10キロカロリー）をやめれば520グラム、1年後にはやせます。とはいえ、無意識の幅は「いつの間にか蓄積されるカロリー」にもなることを忘れてはいけません。仕事中についつまんでいるキャンディやチョコレートが、1年後の体型に対して確実に影響を及ぼすことを、どうぞ忘れないでください。

GOOD

炭酸ジュースを置き換えて（Aさん／26歳・女性）

風呂上がりに炭酸ジュースを飲むのが習慣でしたが、好きなのはジュースの甘さではなく炭酸の「弾ける爽やかさ」だと発見。レモン味の炭酸水に置き換えたら２カ月で３キロもダウン。

白飯の誘惑に打ち勝ち、低糖質ダイエットを成功させるには

このところ「短期間で体重を落とせるダイエット法」として、低糖質ダイエットが人気を集めています。低糖質ダイエットとは、三大栄養素（たんぱく質、脂肪、炭水化物）のひとつである炭水化物（米やパン、小麦、いも類に含まれるでんぷん、砂糖や果物に含まれる糖類を含む糖質と、野菜などに含まれる食物繊維）のうち、糖質の摂取を控える、または断つというダイエット法です。

そもそもこのダイエット方法は１９７０年代にアメリカの医師・循環器学者のロバート・アトキンスが考案した「アトキンス・ダイエット」がベースになっています。

食事で摂った糖質は血中でブドウ糖になり、血糖値が上昇します。すると、膵臓からインスリンというホルモンが分泌され、ブドウ糖をグリコーゲンなどに変えて筋肉などに蓄えます。これが運動エネルギーとして使われるのですが、筋肉に蓄える分がいっぱいになると、中性脂肪として、脂肪細胞に蓄えます。これが、太る原因です。

糖質をほとんど摂らないと、血糖というエネルギーがなくなるので、代わりに脂肪が分解されたケトン体をエネルギーとして使うようになります。その結果、体内の脂肪が燃えやすくなり、脂肪のみを減らすことができるようになる。これが「低糖質ダイエット」の理論です（最近話題の「ケトン式ダイエット」も理論上は同じです）。

面倒なカロリー計算は不要、食事の量を減らさなくて済むため空腹に苦しむこともなく減量のペースが早いとして、たちまち話題になりました。その簡単さから、メディアでは「最後のダイエット」「究極のダイエット」と呼ばれることさえあります。

ところが、「ダイエットの決定版」のように思えた低糖質ダイエットですが、結局失敗に終わってしまう人が後を絶ちません。「白飯、パン、麺類を避ければいいだけ」という簡単さが魅力なのですが、これらだけは断てない、という人が多いのです。

日本人は米を主食としてきました。パンより白飯が好きで、麺類も大好き、という人がほとんどです。1章で、「家庭の味や楽しい思い出と結びついているコンフォートフードを我慢するダイエットは長続きしない」とお伝えしたことを覚えているでしょうか。そう、まさに白飯は日本人にとってコンフォートフード。それを断つ低糖質ダイエットは成功しにくいダイエット方法だといえるのです。

しかも、脳にとって唯一のエネルギーは糖質。運動により筋肉を動かすとエネルギーが使われるように、考えたり何かを決めるときは、脳もエネルギーを消費します。

低糖質ダイエットを行い、体内に取り込まれる糖質が少なくなると、前頭葉がエネルギー不足になってしまいます。こうなると、「白飯を少なめにする」「甘いものは糖質過多だから食べない」「ダイエットを成功させて理想の体型になる」などと考え、決めることができなくなります。誘惑に負けやすくなり、我慢ができなくなる、ウィルパワー不足になるのです。

つまり、低糖質ダイエットとは、コンフォートフードを我慢するという、ウィルパワーが不可欠な方法であるのにかかわらず、エネルギー源を断つことによってウィルパワーが充分に働けなくさせてしまうという、二重の意味で困難なダイエット方法なのです。「白飯を抜くだけだから簡単」と思われがちな低糖質ダイエットですが、挫折する人が多いのは、ある意味当然のことといえます。しかも「我慢すればするほど、前より多く食べるようになる」の法則により、ドカ食いに走ってしまい、ダイエット前以上に太る結果になってしまいます。

とはいえ、誤解していただきたくないのは、低糖質ダイエットを否定しているわけではない、ということ。次の章を読んでウィルパワーが鍛えられていれば、確実に効果が上がり、やせられる方法なのです。むやみに挑戦するのではなく、タイミングがとても重要だということを、どうぞお忘れなく。

糖質0の落とし穴

「糖質0」の飲料や食べ物はダイエットの救世主のように思っているかもしれません。しかし、脳にとって糖質は唯一の栄養。それなのに甘みがあるのに栄養が届かないと脳はパニックを起こし、より多くの糖質を求めるようになります。その結果、太ってしまうのです。「糖質0」に偏り過ぎるのは禁物です。

我慢いらず！
食べる量が自然に減るテーブルテクニック

人は「食べること」に対して意識的ではありません。どんどんスープが注ぎ足されていてもそれに気づかなければ満腹にはならないし、食べたものをどんどん片付けられたら自分がいくつ食べたかがわからなくなるし、「無意識の幅」に入ってしまえば、いつもより多く食べたと気づくことはありません。

「そんなはずはない。自分が食べる量くらい、ちゃんと把握している」と反論する人もいるかもしれません。しかし、夕食が大皿料理だったとき、「自分が何回よそったか」を覚えているでしょうか。また、ＤＶＤを見ながら食べたポテトチップスは何枚だったか、認識しているでしょうか。

残念ながら、ほとんどの場合、人は自分が食べた量を把握できません。「お腹がいっぱいになったときが食べ終わるとき」と思うかもしれませんが、胃が満タンになったときと、脳が満腹だと認識するまでに、20分もの時間差があります。その結果、**胃は**

とっくにいっぱいになっているのに、20分も多く食べ過ぎてしまうのです。

「食べる」ことに対して、人の感覚はまったくあてになりません。自分では満腹感や味などの感覚を総動員して食べているつもりでも、それは思い込みです。

では、人は何を目安にして食べているのでしょうか。

それが、「食器」であり「容器」であり「パッケージ」なのです。

人は皿が空にならない限り、「もう充分食べた、満腹だ」と思いません。そして、ポテトチップスやクッキーなどは袋や箱が空になるまで食べてしまいます。それだけではありません。ブライアン・ワンシンクよると、誰と食事をしたか、料理はどんな名前だったか、ラベルは美しかったかどうか、食べる場所の照明やBGMなど、さまざまな外的な要因で味を含めた食事の満足度や食事にかける時間、そして食べる量が変わるというのです。実際の料理の質や量は、関係ありません。つまり、味がわかる人はあまりいないし、**お腹がいっぱいになったときに食べ終わる人も、あまりいないのです。**人間の感覚は思っている以上にいい加減だと言っていいでしょう。

しかし、これを逆手にとれば、食べたいのを我慢したり、お腹が満たされないという不満を抱くことなしに、食事の量を減らせることにつながります。もちろん、ウィルパワーは消耗しません。これが、食心理学を使ったダイエットのテクニックです。

早速、そのやり方をご紹介しましょう。

20％少なく盛り付けても満足度は同じ

料理を皿に盛り付けるとき、「このくらい食べたい」と思った量から2割減らして盛りましょう。白飯も同様です。これは、先に説明した「無意識の幅」を利用したボリュームダウン法です。30％減らしてしまうと「いつもより少ない」と気づきますが、20％減らしても、量を判断する自分のレーダーにひっかかりません。「いつもより少ない」と気づきさえしなければ、「量が足りない」「不満足」とは思わないのです。自分で盛り付けてもよいのですが、誰かによそってもらうとさらによいでしょ

NG

ご飯を減らしたら太った……（Bさん／31歳・女性）

炭水化物をカットしたくてご飯は茶碗の半分だけよそうように。ところが物足りなくて毎回おかわりするようになり、前より2キロ太ってしまった……。

➔ 同じ食器で量だけ減らしたのが敗因。小さな茶碗に変えて普通によそえば、量が少なくても満足感が得られます。

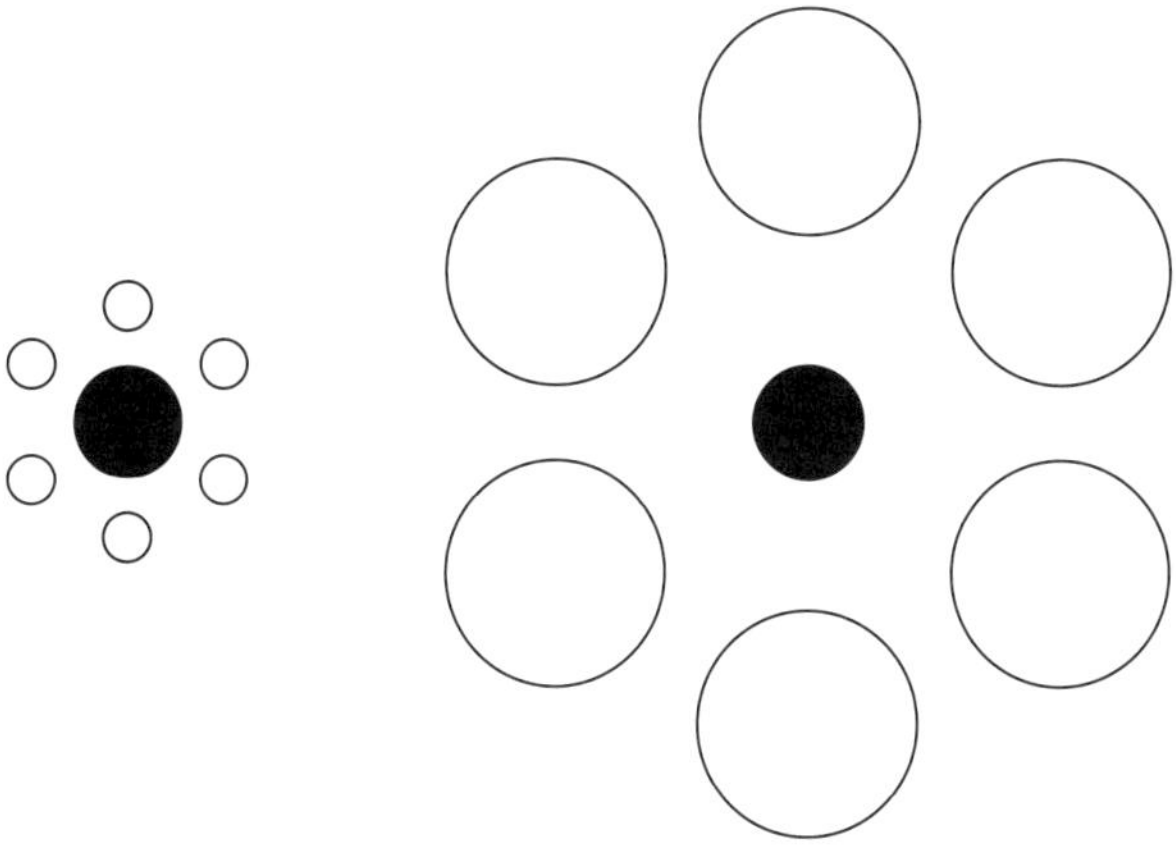

う。メイン料理を20％少なく盛り付けたら、その空いた場所に野菜を盛り付けるとさらによいでしょう。

小さな皿を使うと満腹感がアップ

少なく料理を盛り付けても、「少なさ」を感じさせないテクニックがあります。まずは上の図をご覧ください。右と左では、どちらの「●」が大きいと思いますか？　実はこれ、両方とも同じ大きさなのです。これは有名な錯視の図なのですが、人はものの大きさを推定するとき、背景にあるものを基準にします。料理も同じです。同じ分量の料理を盛り付けたとき、皿が大きいほど料理は少なく見え、小さいほど多く見えます。そして、私たちは目で見た量で判断しますから、小さい皿に盛り付けると「たくさん食べた」という満足感を得ることができます。反対に、大きな皿に盛ると「こんなに少ししかない」と思ってしまい、満足感が得られないばかりか、もっと食べたくなってしまいます。

料理は小出しにせず一気に並べる

テレビを見ながらスナック菓子などを食べると、無意識のうちにいつも以上に食べてしまいます。特に問題なのは、袋や箱から直接食べること。どんなサイズのものであれ、袋や箱が空になるまで食べてしまいます。ポテトチップスやクッキーは袋や箱から食べてはいけません。食べる分から20％少ない量を皿に出しましょう。食べたいものがいくつかあるときは、すべて皿に盛ってテーブルに並べておきましょう。ひとつの種類を食べ終わって、物足りないからまだ出してくる、というやり方よりも食べる量が減ります。

食べ終わるまで片付けない

チキンの骨や焼き鳥の串、キャンディの包み紙、飲み物の空き缶などは、食事が終わるまで片付けず、そのままテーブルに並べておきましょう。そうでないと、自分がどれくらい食べ、飲んだのかわからなくなってしまい、どんどんおかわりすることになります。**たくさん食べたことが目でわかれば、早い段階で食事を終わらせることができます。**

料理は一人分ずつ皿に盛る

テーブルの中心に大皿で料理を置き、それぞれが自由に盛り付けるスタイルは、自分がどれくらい食べたかわからなくなり、食べ過ぎの原因になります。食事のときはそれぞれの皿に食べる分（20％減をお忘れなく）を盛り付けるスタイルにしましょう。

品数を減らす

人はいくつか料理が並んでいると、「全種類食べたい」と思います。だから、テーブルいっぱいに料理を並べるのは、ダイエットの観点からはおすすめできません。皿数が少ないと不満が出る、なんだか寂しいという場合は、カロリーの少ない料理で数を稼ぎましょう。たとえば野菜スティック、こんにゃくの刺身などが適役です。

縦長のグラスで飲む量が減る

縦長のグラスと横幅のある短いグラスの両方に同じ量のジュースを注ごうとすると、プロのバーテンダーでもつい短いグラスの方にたくさん入れてしまいます。なぜなら、横幅のある短いグラスに入っている方が少なく見えてしまうからです。その理由は、下の図を見れば一目瞭然。縦線も横線も同じ長さなのに、縦線の方が長く見えますよね。この錯視を利用して縦長のグラスを使えば、少ない量の飲み物でも満足できます。

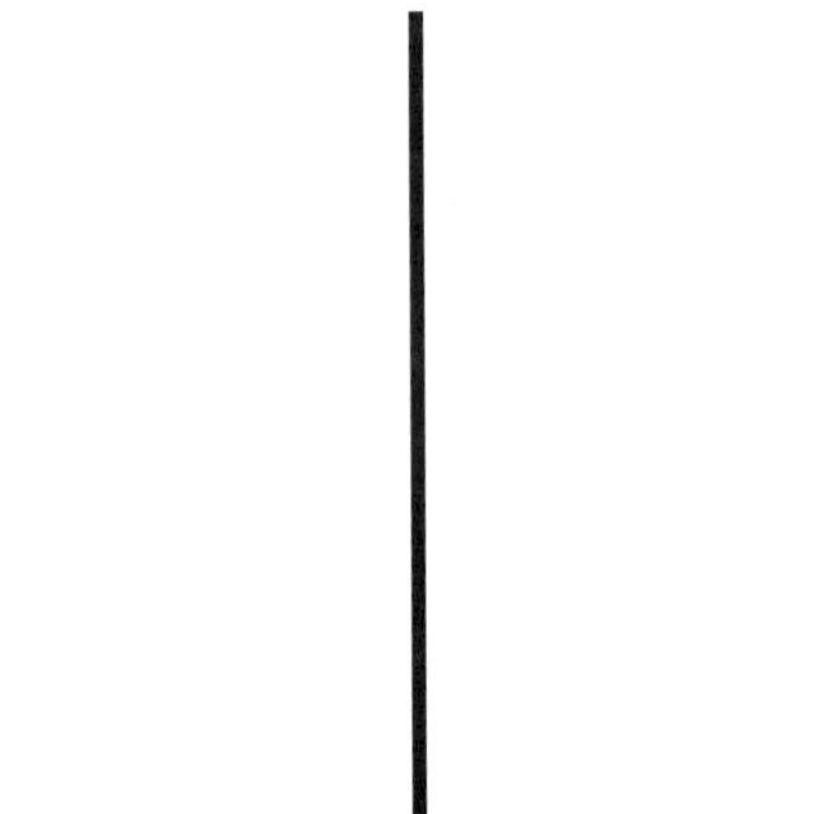

食べ物をしまえば食べる量が3分の1になる

食べたくなるのはお腹が空いているからではなく、食べ物が目にはいったから。**人は「見ると食べたくなる」生き物です。**それなら、食べ物は見えないところにしまいましょう。「みなさんへ」と配られたチョコレートは引き出しの中へ、差し入れのサンドイッチはアルミホイルに包んでキッチンへ、カフェのコーヒーに添えられていたクッキーはペーパーナプキンをかぶせて。たったこれだけのことで、「つい食べてしまう」のを避けることができます。そのまま忘れてしまえたなら、なおラッキーです。

食べる場所を決めれば間食が減る

ポテトチップスやクッキー、チョコレートなど、ながら食いしがちなおやつ。テレビを見ながら、仕事をしながらと、つい食べてしまう……それ、まさに無意識食いです。いつのまにかたくさん食べてしまいがちなものを避けるには、「食べる場所を決める」というルールがいちばん効果的です。「自宅でものを食べるときは、ダイニングテーブルで」と決めておけば、ながら食いが減っていきます。

「お徳用サイズ」を買うと太る

スナック菓子でもジュースでも、大きなパックで売られているものほど、グラム当たりの単価が安くなり、お得です。しかし、人は自分が食べたい分だけ食べるのではなく、目の前にあるだけ食べてしまうもの。お徳用サイズを買うと、その袋が空になるまで食べてしまう危険性が大です。一度に食べ切らなくても、「まだポテトチップスが残っていた」「早く食べ切らないと、悪くなる」などと言っては早い段階で食べてしまうのです。スナックやジュースを買いたいと思ったら、「大きなサイズでお得！」なものよりむしろ、小さめの食べきりサイズを買った方がダイエット代がかからず、長い目で見てお得だということをお忘れなく。

「ヘルシー」という言葉で太る

カロリーが低い、ビタミンがたっぷり、といったヘルシーなメニューを選ぶと、つい太りやすいものを付け加えてしまいます（1章で説明した、モラルライセンシング）。ヘルシーにはこだわりすぎないのが、長い目で見てダイエットを成功させます。

食事のパートナーを選べば食事量が減る

食行動は環境によって左右されます。「誰と一緒に食べるか」も食欲を左右させる大きな要因のひとつ。**ダイエット中の人と一緒だと、食べる量は自然と減りますし、大食いの人と一緒だといつもよりたくさん食べてしまいます。**食べる速さも同様で、ゆっくり食べる人と一緒だと、自分もゆっくり食べるようになります。ですから、理想的なのは自分より少食で、ゆっくり食べる人と一緒に食事をすること。グループで食べるときは、メンバーの中で最も食べる速度が遅い人に合わせてゆっくり食べると、自然と食べる量がセーブされます。

心配事があるときは食べ物に近寄らない

悩みがあるとき、不安なとき、人は食べることでそれらを解消しようとします。つまり、食でストレスを解消しようとするのです。つい食べてしまうのは、こんなとき。これを防ぐには、「心配事があるから、食べたい気持ちが強くなっている」と、自覚すること。「何か食べて気を紛らわそうとしている」と自分で気づくことで、その欲求をそらすことができます。

「無意識」を使って「食べたい」気持ちを抑える

人がものを食べる場所は、ダイニングテーブルだけではありません。リビングのソファで、オフィスのデスクで、またあるときは通勤の電車の中で、人は「つい」ちょっとしたものを食べてしまいます。こうした「つい」をなくすためには、自分の「無意識」に働きかける方法が必要です。前の項ではテーブルを中心とした方法をご紹介しましたので、ここでは他の場所でできることをご紹介しましょう。

冷蔵庫をロックすると少食になる

「帰宅すると、まず冷蔵庫を開ける」という行動が習慣化している人は少なくありません。空腹かどうか、何か食べたいと思っているかどうかにかかわらず、単なる習慣で開けてしまうのです。しかし、ほとんど無意識のうちに冷蔵庫を開けた瞬間、「何かないかな」と食べるものを探し始め、そして何かしら食べてしまいます。もし冷蔵庫を開けなかったら、おそらく何も食べずに済んだことでしょう。だからこそ、「つい」「なんとなく」「無意識のうちに」冷蔵庫を開けなくする工夫をしましょう。話は簡単、冷蔵庫の扉を開けにくくすればいいのです。とはいえ、扉に鍵はかけられませんから、冷蔵庫用のチャイルドロックを利用するのがおすすめです。これは小さな子供が勝手に冷蔵庫を開けるのを防ぐためのグッズ。ホームセンターなどで手に入ります。次第に、「なんとなく冷蔵庫を開ける」という習慣がなくなります。

鏡を置くだけで間食がなくなる

「公衆の面前で」という言葉があるように、人は「誰かに見られている」と感じると、行動を律する習性があります。特にものを食べるという行為はとてもプライベートな行為なので、人に見られることに嫌悪感に近い感覚があります。これをダイエットに利用しましょう。ダイニングテーブルやデスクやテレビの前など、よく間食をする場所の、目に付く場所に好きな俳優や芸能人、憧れのモデルなどの写真を貼りつけます。写真は視線がまっすぐのアップのもので、「目が合う」という感覚があるカットにしてください。何かを食べようとするたびに誰かと目が合うと、それだけで食べる量が減ります。

人の写真を貼ることに抵抗感があるなら、鏡を置いてもよいでしょう。**何かをしている自分の姿を鏡などで見ると、自分のことを客観的に捉えるため、節度ある行動をしようとします。これが「セルフモニタリング効果」です。**ものを食べようとしている自分を客観的に見ることで、余計なものを食べなくなる、無意識のうちに食べなくなる、という効果が生まれます。

荒治療！トイレに貼るだけダイエット

甘いもの、脂っこいものなど、ダイエットをするならやめるべき食べ物はいくつかあります。しかし、それが好物だった場合、そう簡単にやめられません。すると、「食べたい、でも我慢しなければ」とむやみに我慢することになり、ダイエット自体が挫折してしまいかねません。禁止したい食べ物は、自然に食べたくなくなるようにするのが理想的です。そこで、おすすめなのはトイレの壁に好きな食べ物の写真を貼ること。こうすると、その食べ物にトイレのイメージがついてしまいます。店で目にしたり、メニューで見た瞬間、浮かぶのはトイレのイメージ。「食べたい！」という気持ちを失わせる荒治療です。

高い服を買ってくじけないメンタルになる

ダイエットを成功させたい、本気でやせたいと思うなら、やせたときに着る服を早々と買ってしまうことをおすすめします。しかも、ちょっと高価な服を。そして、目に付くところにかけておきましょう。これは、「もしやせなかったら、この服が無駄になる」と日々プレッシャーをかけられているようなもの。たとえケーキが食べたいという衝動が生まれたとしても、その服を見たとたんに「ケーキどころじゃない」と気合いが入り直します。高い服という目標を日々見ることで、達成率が劇的に上昇します。初期投資は高いのですが、効果は抜群です。

何でも食べられるシンプルな食事制限

100キロカロリー程度のカロリー制限なら、辛さを感じることなく、長期間続けることができる。大幅にカロリーを制限しても減量効果が期待できないばかりか、かえってリバウンドする……。やはり、「好きなだけ食べて、やせる」ことは不可能なのでしょうか。

ところが、その不可能を可能にする方法があります。

それが、**「リーンゲインズ」**と**「1日1食法」**。ともに断食の一種です。

仏教における煩悩を断ち切る修行だった断食が欧米に渡り、体内を浄化する健康法として広がったのが、ファスティングです。ファスティングの方法はいくつかありますが、一定期間食事を断ち、それから少しずつ野菜ジュースを飲むなどしてもとの生活に戻るというプログラムが多くあります。いずれも健康状態をきちんとチェックできる医師の指導のもとに行われるのが一般的です。

最近、週末断食、プチ断食という簡易版を行う人も増えてきましたが、先にも説明した通り、飢餓状態になると脂肪を燃焼しやすくなるだけでなく、再び食べたときにカロリーを脂肪として溜め込むようになるので、かえって太りやすくなってしまう危険性があります。また、完全に食べないのは、強い我慢が必要になるため誘惑に負けやすくなるばかりか、脳が飢餓に備えるモードに切り替わって脂肪が落ちなくなり、効果的とはいえません。

ところが、「リーンゲインズ」と「1日1食法」は違います。

まずはやり方を簡単に説明しましょう。

何を食べてもOK！リーンゲインズ

1日のうち、食べる時間を8時間の枠に限定します。自分のライフスタイルに合わせて何時に始めても構いません。もし8時に始めるなら、食べられるのは16時まで。それ以降は一切食べ物を口にしてはいけません。比較的ラクに取り組めるのは、12時にスタートして20時に終わるという時間枠でしょう。「8時間」という枠を守れば、開始時間がずれても構いません。そして、8時間の枠の中なら、何を食べても、そして何回食べても構いません。

セレブも実践。1日1食法

1日の食事を1回に制限する方法です。朝・昼・夜のどこで行っても構いませんが、最も取り組みやすいのは、夕飯のみにすることでしょう。1回の食事はどんなものでも食べられます。ケーキなどのデザートもOKですが、食べるなら昼がおすすめです。

いずれの方法も食べられる時間を極端に制限する方法。食べられない状態が続くので、断食の一種に分類されます。

これらの方法がすぐれているのは、「食べる」という本能を極限まで我慢するものの、その先に「**食事の時間になったら、好きなものを好きなだけ食べられる**」と思えることです。そのため、「食べたい」という欲求が生まれても、それは「我慢」ではなく「希望」となり、達成できる可能性を高めてくれます。

そしてもうひとつの利点が、摂取カロリーが制限できるということ。「リーンゲインズ」も「1日1食法」も、いくら「好きなだけ食べてもいい」と言われても、短い時間でそれほどたくさん食べられるものではありません。先の項で「無意識の幅」についてて説明しましたね。人は1日のうち、何回も「自分では意識しないほどのカロリー」を少しずつ食べて蓄積しているのです。食事と食事の間にガムやキャンディを食べたり、カフェオレを飲むことで摂取したカロリーは本人の中でカウントされず、静かに溜まっていきます。ところが、食べる時間が限られてしまうと、そうした「無意識のカロリー」が削減できます。

1日1回しか食べられないなんて、夜8時以降食べられないなんて、と思うかもしれませんが、想像以上に楽に実行することができるはずです。

「食事を減らしているつもりなのに、一向にやせない」という人は、きっと効果があることでしょう。

まとめ

●無意識の幅を利用する

食べる量を20％減らしても、いつもより少ないことに気づかない。気づかなければ空腹によるストレスを感じない。

●小さな工夫で食欲をコントロールする

たとえば皿やグラスを小さくしたり、盛り付け方を変えるだけで食事の印象が変わり、食べる量が減る。また、冷蔵庫にロックをかける、トイレに好物の写真を貼るなど暮らしの中の小さな工夫で食べたい気持ちをセーブする。

●辛くない断食を取り入れる

カロリー計算によるカロリー制限法は手間がかかるため挫折のもと。「1日1食法」「リーンゲインズ」などの断食法なら苦痛なくカロリー制限が可能に。

3章

ダイエットが続く、この心理学！

ウィルパワーがあれば ダイエットは成功する！

人間は何十万年もの時間をかけて、「飢餓に備えて食べたカロリーを蓄えておく」という体の仕組みを手に入れました。食べる量を減らしてやせようとすることは、人間の体の仕組みや本能に反する行為です。そこで、前の章では脳をだまして自然に食べる量を減らす、心理学を応用した方法をご紹介しました。

その上で必要なのが、「続ける力」。

1章でお話しした通り、**ダイエットを続けるために発揮しなければならないのが「ウィルパワー」です。**

ウィルパワーを日本語に訳せば「意志力」。しかし、「意志力」という言葉には、「強さ・弱さ」「耐えて成し遂げる」といったニュアンスがないでしょうか。だからこそ、「頑張って」とか「我慢して」という心理状態になってしまうのかも……。

序章でも説明した通り、ウィルパワーとは脳の体力です。何かを持ち上げるときに筋力が必要なように、そして長時間に渡るランニングやサイクリング、筋トレなどに持久力が必要なように、何かをやろうと決め、それをやり遂げるには、ウィルパワーが必要なのです。

受験勉強をしていたときのことを思い出してください。中学や高校、大学の入学試験だけでなく、資格取得のための試験勉強でも構いません。

受験を経験した人は誰でも、「合格する」という目標に向かって、夜遅くまで勉強したり、遊ぶ時間を削って1日何時間も机に向かって勉強していたことでしょう。そのとき、私たちが発揮していたのが、「ウィルパワー」です。

何かをやり遂げるために必要な**ウィルパワーには、**

「やるべきことを実行する力」、

「やってはいけないことを行動に移さない力」、

「目標を立て、それを実現しようとする力」の3つがあります。

先ほどの受験勉強で説明するなら、「決めたページまで勉強をやり続ける」「勉強に飽きてきてもスマホを触るなどしてサボらない」、そして「合格したいと強く願う」

の3つ。「合格するまでの辛抱だから、我慢して勉強する」という心理状態とはまったく違います。

ケリー・マクゴニガルはこの3つの力を次のように表現しました。

やるべきことを実行する力……**やる力**
やってはいけないことを行動に移さない力……**やらない力**
自分で目標を立て、実現しようとする力……**望む力**

ダイエットで説明するなら次のようになります。

低カロリーの食事を摂ったり、「リーンゲインズ」や「1日1食」を実行したり、決めた日に運動するのが「やる力」。

高カロリーのものを食べたり、運動をさぼることをしないのが、「やらない力」。

ダイエットに成功し、理想の体型を手に入れて健康的な生活を送る自分になろうとするのが、「望む力」。

この3つの力、つまりウィルパワーがあるからこそ、食事制限も定期的な運動も続けることができるのです。

ウィルパワーがないのに、食欲をコントロールして、ジムに通おうとしても、それは持久力がないのにマラソンレースに参加するようなもの。たちまち挫折してしまうのは当たり前のことだと言えるのです。

ダイエットを続ける力、ウィルパワーは鍛えられます！

体力がない人は少し歩いただけですぐ疲れてしまいます。しかし、毎日ウォーキングをするなどして持久力を養えば、少しずつ体力がつき、やがてランニングも苦ではなくなります。筋力も同様に、最初は腹筋運動10回でダウンしていたとしても、毎日トレーニングしていれば、やがて腹筋運動１００回が楽にこなせるようになります。

このように、筋力や体力は鍛えることができます。

では、ウィルパワーはどうでしょう。幼いころから「一度決めたことは決して曲げず、やり遂げる」人もいますし、「具体的な目標を立て、決してブレずに実現に向けて進み続ける」人もいます。そうした人を見ると、「精神力が強い人と、そうでない人がいる」と感じてしまうかもしれませんね。

しかし、ウィルパワーは天賦の才能ではありません。誰でも持っているものであり、トレーニングすれば鍛えられるものなのです。最初は10キロのバーベルを持ち上げることができない人でも、トレーニングを重ねれば筋力がついて50キロ、100キロと持ち上げられるように、**ウィルパワーを鍛えることで、今まで挫折しがちだったダイエットも続けることができるようになるのです。**

こう説明すると疑問が湧いてくるかもしれませんね。筋力は目で見て触れることもできる筋肉から生み出されるもの。筋肉が大きくなれば筋力もアップします。でも、ウィルパワーはどこから生み出されるの？　目に見えないものをどうやって鍛えればいいのか、それをこれから解説したいと思います。

ここで少し「脳」の話をしましょう。脳はその領域ごとに「前頭葉」「側頭葉」「頭頂葉」「後頭葉」に分かれています。このうち、「頭頂葉」は物に触れた感覚を認識し、「後頭葉」は目で見たものをチェックして判断する、「側頭葉」は音や言葉を聞き取って意味を理解すると、それぞれ役割があります。

ここまでは乱暴に言ってしまえば他の動物と大きな差がないということもできます。そこで、「前頭葉」です。この領域は、物事を考えたり、判断したりする役割があります。前頭葉の一番前にあるのが「前頭前野」という領域で、思考、コミュニケーション、注意・集中、記憶のコントロール、情動の制御をしています。

前頭前野は人間の進化に伴って大きくなり、脳の他の領域との連携もスムーズになっていきました。いわば、前頭前野は他の動物と人間の間に大きな違いを生み出し、前頭前野の発達が人間を人間たらしめている、とさえいえるのです。

スタンフォード大学の神経生理学者ロバート・サポルスキーによると、現在の前頭前野の主な役割は、「やるべきことをやるように仕向けること」だといいます。つまり、**ウィルパワーが生み出されるのが、まさに前頭前野だということがわかります。**

前頭前野が発達しているおかげで、私たちはいくら興味がないからといって、仕事相手と話している最中にスマホをいじりだしたりしないし、いくらほしいと思っても、人のものを黙って持って行ったりしません。そして、本心ではやりたくないと思っても、仕事や家事をしています。それらはすべて、前頭前野のおかげです。

前頭前野は3つの領域に分かれています。左上の領域は「やる力」を司り、反対側の右上の領域は「やらない力」を司っています。この2つの領域は連携をとりながらその脳の持ち主の行動をコントロールし、やらなければならないことを衝動や欲求に負けることなく実行させています。そして、前頭前野の中央の下方には、目標や欲求

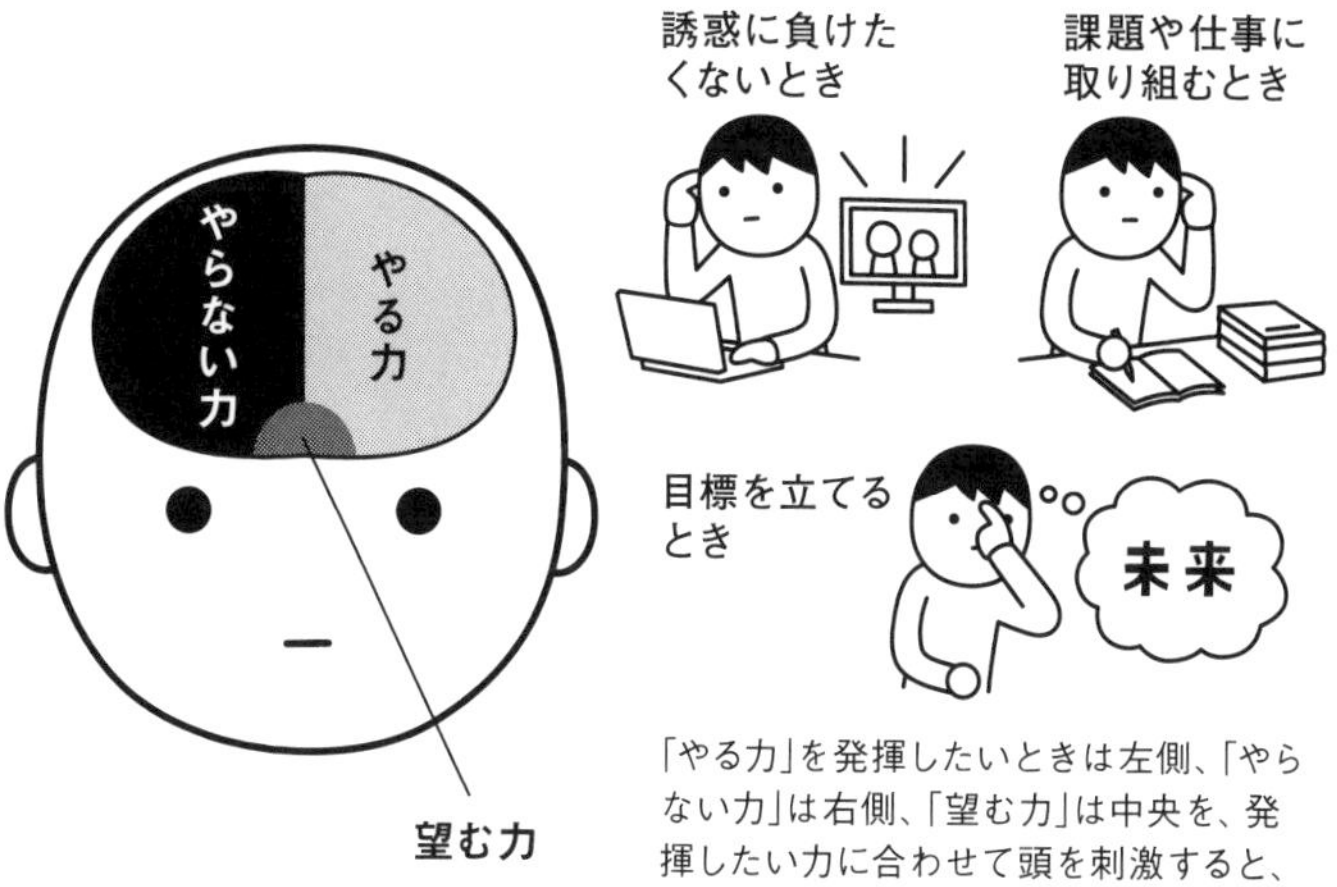
やらない力
やる力
望む力
誘惑に負けたくないとき
課題や仕事に取り組むとき
目標を立てるとき
未来

「やる力」を発揮したいときは左側、「やらない力」は右側、「望む力」は中央を、発揮したい力に合わせて頭を刺激すると、求める力が得られる。

を記録するところがあります。「貯金」「資格取得」から「やせる」まで、自分が「こうなりたい」と思う姿がここに刻みつけられ、「望む力」が生まれます。

進化の過程で丸く大きな額を獲得しました。これは、人間の前頭葉が大きく発達した証拠です。もし、何か目標を立ててもすぐにくじけてしまったり、ちょっとした誘惑に弱かったとしても、「ウィルパワーを生み出す前頭葉が小さい」ということはありません。人間はみな、ウィルパワーの源を持っているのです。ただ、鍛えられていないだけ。もし何かを達成したかったら、まずはウィルパワーを鍛えることが初めの一歩なのです。

我慢するほど食べてしまうのはウィルパワーが有限だから

どんなに体力のある人でも、あるいはどんなに怪力の持ち主だとしても、その力を永遠に使い続けることはできません。機械ならスイッチを切るまでずっと動き続けることができますが、人は違います。個人差によって時間は変わるでしょうが、いつかは疲れ果て、力尽きて動けなくなります。

先に「ウィルパワーは体力や筋力と同じ」と説明しましたね。だから、鍛えることができるのだと。それは同時に、「使い続ければ、いつかは切れてしまう」と言い換えることもできるのです。

たとえば、面倒な仕事のため、集中してパソコンに向かったとします。ようやく仕事が終わったあと、ついネットサーフィンを始めてしまったことはないでしょうか。そして、ついショッピングサイトを開いて、おまけに衝動買いをしてしまったことはないでしょうか。これぞまさしく、**ウィルパワーが有限である**ことを示しています。

あまり気の進まない仕事をするとき、「本当はやりたくないけれど、やらなくちゃ」という心境になりますね。やらなければならないからやる、という心理状態です。前頭前野では「やる力」が大いに発揮され、なんとか仕事に向かうことができます。しかし、本来はやりたくない仕事ですから、「やる力」も余計に使われることになります。すると、「仕事中のネットサーフィン」「ネットショッピング」「衝動買い」などを「やらない」という力が弱くなってしまうのです。

このことを研究したのが、スタンフォード大学経営学部教授のババ・シヴです。彼は、学生に誰かの電話番号を思い出そうとしながらデザートを選ばせる、という実験をしました。すると、彼らがフルーツよりもチョコレートケーキを選ぶ確率が50％も高くなったといいます。ダイエットや健康のことを考えていたにもかかわらず。**人は気が散っているときほど誘惑に負けやすく、考え事で頭がいっぱいになっていると、長期的な目的を忘れ、衝動的な選択をしてしまうのです。**

これは、ウィルパワーを余計なところで使い果たしたことに原因があります。

ウィルパワーの量は限られているため、違うところで使ってしまうと、肝心なところで使えなくなってしまう、と言い換えることができます。

前の章で、「我慢するほど食べたくなる」と説明したことを覚えているでしょうか。甘いものを食べてはいけない、カロリーの高いメニューを食べてはいけない、たくさん食べ過ぎてはいけないなどと我慢すればするほど、まるで引き込まれるようにそのことをやってしまうのは、誰しも経験があることでしょう。

これは、ウィルパワーで説明ができるのは、もうおわかりですね。**「食べてはいけない」と強く思えば思うほど、脳の中では「やらない力」がフルに使われます**。すると、ランチタイムにボリューム満点なメニューを我慢することができたとしても、その帰り道にケーキを買ってしまったり、甘いドリンクを買ってしまったりするのです。たとえばコンビニに寄ったとしても、カロリーの高いスイーツもあればヘルシーなフルーツもあります。ウィルパワーが充分に発揮できたなら、「スイーツは食べない、フルーツを選ぶ」という行動ができるはずです。ところが、それができず、スナック菓子にスイーツにアイスクリームにと次々買ってしまうのは、ウィルパワーが弱くなっていることに原因があります。

運動も同様です。1章で、「初めのうちはハードな運動をしないほうがいい」と説明しました。自宅での筋トレにしろ、家の周囲のランニングにしろ、あるいはジム通いにしろ、運動は続けることに意味があります。しかし、続けるには「やる力」が欠かせません。さらに、運動のあとに甘いドリンクを飲まないといった「やらない力」も必要になります。ところが、ウィルパワーが「運動をやる」ことで使い果たされてしまうと、「やらない力」が全く出てこなくなり、飲まないと決めていた甘いドリンクを飲んでしまうだけでなく、モラルライセンシングが起きて「今日はたっぷり運動したから」と言い訳をしながら、ボリューム満点の夕食を摂り、さらにデザートまで食べてしまうのです。これも、「ウィルパワーが有限」ということがすべての理由なのです。

いかがですか。今までなぜダイエットに失敗してきたのか、少しずつわかってきたのではないでしょうか。まずは「どんなときにウィルパワーは減ってしまうのか」を知り、そしてウィルパワーを鍛えることが、回り道のように見えてダイエットを成功させる秘訣なのです。ウィルパワーの鍛え方については、後ほど詳しく解説します。

ここが危ない！
ウィルパワーが消耗すると、誘惑に負ける

ウィルパワーを体力と同じだと表現しましたが、こんな風に考えることもできます。

「ウィルパワーは量に限りがあるから、節約しなければならない」と。

ダイエットを成功させるには、ウィルパワーをトレーニングで鍛える一方で、無駄遣いを避けることも重要です。

実は、意外なことでウィルパワーは失われてしまうことがわかっています。

日常生活の中でよくあるシーンをご紹介しましょう。

我慢したあとに甘いものを食べてしまう

食べたいものを我慢したり、退屈な時間を我慢したり、本当はやりたくないことをやったり、疲れているのに無理をしたり……。こうしたとき、脳内では「食べたいな」「でも食べちゃだめ」とか「もう飽きた。これ以上耐えられない」「でももう少し辛抱

しなくちゃ」など、「やりたくない」と「やらなければ」の間で激しい葛藤が生まれます。それは、「ほら、こんなに美味しそうなんだから、食べちゃえば？」「やりたくないことを無理にやらなくてもいいじゃない」という誘惑との戦いです。

誘惑と戦うとき、ウィルパワーは激しく消耗します。そして、本人がまったく気づかないうちに、力尽きてしまうのです。

思い出してみてください。「本当は食べたい」「本当はやりたくない」という誘惑との戦いにどのくらい勝ったことがありますか？　多くの場合、人は誘惑に勝つことができません。ケリー・マクゴニガルによると、**人が誘惑に打ち勝つことができる確率は50％**だといいます。もし、その場で勝った誘惑に打ち勝つことができたとしても、別の機会に、無意識

NG

筋トレでやせたのに……（Cさん／36歳・男性）

半年以上かけて筋トレ＋食事制限で猛ダイエットをしました。つらい日々に耐え抜いて6キロもの減量に成功！その達成感と解放感からジムに行かなくなり、暴飲暴食をしていたら、3カ月で8キロもリバウンド……。

➔「ダイエットすると太る」の典型。ウィルパワーを鍛えずに「我慢」で運動や食事制限をすると、リバウンドしやすくなります。

のうちに本当はやってはならないことをしてしまうのです。ランチバイキングでケーキを我慢した帰りに寄ったカフェで生クリームたっぷりの高カロリーの甘いシェイク頼んでしまうのは、その最たる例です。

デスクの上が散らかっていると太る

デスクの上、あるいは部屋が散らかっていると、作業がいちいち滞ります。何かしようとするたびに、「あれ？　どこに行ったのかな？」と探すのは、想像する以上にウィルパワーを消耗します。さらに、何かに集中しなければならないときに、関係ないものが目に入ると集中力が分散し、その結果、ウィルパワーを消耗してしまうのです。スタンフォード大学の経営学教授ババ・シヴによると、**部屋が散らかっていると誘惑に負けやすくなり、不健康な食生活を送るようになる**とのこと。さらに寝室が散らかっていると睡眠の質が落ち、成長ホルモンの分泌が低下します。この成長ホルモンは細胞を修復する、アンチエイジングに欠かせないホルモン。もし肌の悩みがあるなら、高価な美容液を買う前に寝室をきれいに片付けるべきかもしれません。

考え事をしていると衝動的になる

たとえば仕事上のトラブルを抱えていたり、人間関係の悩みがあって、そのことが頭から離れないとき、夕飯の買い物をするためにスーパーに行ったとします。今夜のメニューについて考えているつもりでも、頭の大半は別のことを考えているという、いわば上の空の状態です。こんなとき、ダイエット中だから足を踏み入れないようにしていたお菓子のコーナーに入ってしまい、食べないと決めていたポテトチップスやチョコレートを次々に買ってしまうのです。思い出してください。人が誘惑に負けるのは、気が散っているとき。それは、ウィルパワーが働かない状態です。別のことを考えながら何かをしようとすると、自分でも気づかないうちに衝動的な行動を取り、誘惑に負けるのです。

集中したあとの間食は危険

本当はやりたくないことを自分の意志に反してやるとき、人はいつも以上の集中を強いられますこのときにウィルパワーを激しく消耗するということは、先にご説明した通りです。これは「本当はやりたくないことだけど、我慢してやる」という場面だけではありません。何かに集中して取り組んだあとも同様にウィルパワーが弱くなってしまうのです。ノルマや締め切りがある仕事に集中して取り組んだときのことを思い出してください。つい、チョコレートやガム、スナックなどに手が伸びませんでしたか？　ようやく終わったあと、「今日は特別！」といって、夜遅くに高カロリーの食事をしたり、打ち上げと称して飲みに行って、いつも以上に料理を頼んでしまいませんでしたか？　そのことを「集中からの解放感」と思っているかもしれませんし、「頑張ったあとのご褒美」といって自分に許しているかもしれません。しかし、それは、集中によってウィルパワーが使い果たされ、「やる力」も「やらない力」も発揮できなくなっているということ。もし、ウィルパワーをきちんと発揮することができれば、仕事が終わったあとの打ち上げでもヘルシーなメニューを選ぶことをやり、脂っこいメニューを食べることはやらないはずです。

スマホを見ていると大量に食べてしまう

今や私たちの生活になくてはならないスマホが集中を削ぎ、ウィルパワーを失わせる存在だということに、多くの人は気づいていません。

あなたはスマホの通知をオンにしていますか？　仕事のメールや電話がたびたび入る人なら、「何かに取り組むとき」だけ通知をオフにしてみましょう。特にＬＩＮＥやＦａｃｅｂｏｏｋなどＳＮＳの通知をオンにしたままにしている人は、通知によって集中力がそがれるのが日常になり、ウィルパワーがいたずらに浪費されている可能性が大です。仕事や趣味に取り組んでいるときにこれらの通知が鳴ったら、あなたはどうしますか？「すぐに見る」と答えた人はもちろんのこと、一瞬「見ようか見まいか」と迷うという人も、通知が鳴った瞬間に集中が途切れてしまったことを自覚してください。そして、**一度誘惑に負けて集中が途切れると、再び集中の状態に戻るまで約25分の時間がかかる**のだということを、まずは知っていただきたいと思います。

スマホの通知音は、集中している人の頭を掴んでスマホのほうに無理やり向けさせるようなもの。注意力がそがれるたびに、ウィルパワーが減っていきます。ダイエットをするなら、スマホの通知はオフにしておくことをおすすめします。

睡眠時間が足りないと食欲が増す

「理想の睡眠時間は8時間」と言われます。しかし、理想通り、という人は少ないのではないでしょうか。しかし、睡眠時間が6時間以下になると、ウィルパワーが低下することがわかっています。自制心が弱くなり、ストレスに過剰反応するようになり、欲求や誘惑に負けやすくなってしまうのです。これは短い睡眠では前頭前野の機能が完全に回復しないことが原因と考えられています。

2008年にシカゴ大学メディカルセンターで行われた、「1日4時間しか眠れない生活を5日間続ける」という実験の結果から、**睡眠不足が肥満の原因だということが明らかになりました**。この実験の被験者たちは、なんと普段より20%も摂取カロリーが増えたというのです。これは睡眠不足によって食欲や代謝、ストレスをコントロールするインスリン、コルチゾール、レプチンといったホルモンのバランスが乱れたことが原因です。別の調査によると、たった1日、睡眠時間が4時間を下回っただけでストレスホルモンと呼ばれるコルチゾールや、糖尿病のリスクを上げるインスリン抵抗性が増え、その結果いつも以上に空腹を感じるようになり、食欲がアップし、余計に食べるようになってしまったのだとか。睡眠不足は美容の大敵、といいますが、ウィルパワーにとっても、ダイエットにとっても大敵です。

不幸なニュースを見るとたくさん食べてしまう

テレビで、そしてネットで日々ニュースを見聞きしていますよね。その中にはかなりの割合で誰かがさまざまな理由で死に至っています。そうした死を連想させるニュースに触れると、自分の中に不安や恐怖感が生まれ、それを消し去るために気晴らしをしたくなります。つまり、誘惑に負けやすくなるのです。これが心理学者のグリーンバーグらが提唱した「恐怖管理理論」です。実際に、死を連想させるニュースを見ると、ウィルパワーが低下し、いつもは食べないものを食べてしまったり、ダイエットのための運動をさぼってしまったりするのです。今はネットで必要なニュースだけを選べる時代です。このことを少し覚えておいていただきたいと思います。

口寂しさはナッツで

何かをしているとき、ついスナック菓子などを食べてしまうのは、「口の中にものを入れる習慣」がついている証拠。空腹かどうかは関係ありません。無理にやめようとするとウィルパワーが消耗されるので、健康的なもの、たとえばビタミンＥやミネラルが豊富なナッツに置き換えるのがおすすめです。

ウィルパワーが強い人がしている3つの習慣とは

さて、ここまで「どんなときにウィルパワーを消耗してしまうか」についてご紹介してきました。特別なことをしているときでもない、ごく普通に日常を過ごしているときに、ウィルパワーを使っていることがおわかりいただけたのではないでしょうか。体力でたとえるなら、まるでずっと障害物レースを全力で走っているようなものですし、お金でたとえるなら何かするたびに細々としたものを買っているようなもの。これでは肝心なときにウィルパワーを使えなくなるのも当然です。

私たちは日々の生活の中でたくさんの選択と決断をしています。

この本の最初に、「私たちは1日のうちで200回以上も食べるかどうかの決断をしている」と述べたことを覚えているでしょうか。そう、「食べるか、食べないか」だけで200回もの選択と決断があるのです。それだけでなく、「ランチはどの店に行くか」「どの番組を見るか」から、「歩くかどうか」「運動するかどうか」まで、数かぎりない選択と決断を繰り返しています。ウィルパワーも尽きて、食べてはいけないものをつい食べてしまったり、行くと決めていたジムをさぼったりするはずです。

となると、誘惑に打ち勝つためにやることは2つ。ウィルパワーを鍛えて、使える量を増やすこと。そして、いちいちウィルパワーを使わずにすむようにすることです。

ここではまず、ウィルパワーを使わずに誘惑に勝つ方法をご紹介しましょう。

遠ざけるだけで誘惑を感じにくくなる

スタンフォード大学の心理学者、ウォルター・ミシェルが行った、子供の自制心と将来的成果の関連性を調査した有名な心理実験に、「マシュマロテスト」があります。

まず、4歳の子供を1人ずつ部屋に入れ、目の前にマシュマロを1つ置くところから実験はスタートします。「マシュマロは好きなときに食べてもいいよ。でも、私が戻ってくるまでに食べずに我慢することができたら、もう1つあげる」

実験者はそういって、部屋を出て行きます。残された子供は、「マシュマロ食べたい」と「でも、我慢すれば2個食べられるからそっちのほうがいい」との間で激しく葛藤します。もちろん、実験者がいなくなったとたんに欲求に負けて食べてしまった子もいました。一生懸命我慢しても最後まで耐えきれず、とうとう食べてしまった子もいます。その中で、最後まで我慢し抜いて2個のマシュマロを手に入れた子もいました。食べてしまった子と我慢できた子の違いは明らかでした。食べてしまった子は、マシュマロから目を離すことができませんでした。じっと見つめたり、匂いを嗅いでみたり、食べないかわりにと、少し舐めた子もいました。そのすべてが実験者が戻ってくるまでにマシュマロを食べてしまったのです。

対して、最後まで我慢できた子は、マシュマロを見ませんでした。背中を向ける子もいれば、ハンカチなどをかけてマシュマロを隠す子もいました。また、机を蹴る、おさげを触るなど別のことをする子もいました。

つまり、最後まで耐えた子はマシュマロから気を反らしていたのです。

このことからわかることは、とてもシンプルです。**誘惑に負けたくないと思うなら、そのものから離れればいいのです。**

カフェに入ったら、ガラスケースの中においしそうなケーキが並んでいます。それを見ながら「ダイエット中だから、食べちゃだめ！」と言い続けることは、ウィルパワーをフルに使いながら無駄な戦いに挑戦しているようなもの。そう、**食べたいもの**

を我慢する戦いは、無駄です。先にもお伝えした通り、食べたい気持ちを我慢するほど、食べたくなるし、結局余計に食べてしまいます。こういう場合は、ケーキが視界に入らないようにしてみてください。回れ右をしてその店を出るのがベストですが、それができなければガラスケースが見えない席に座るか、背中を向けて座るだけでもいいでしょう。そうすることでウィルパワーの無駄遣いが減り、重要な場面で思い切りウィルパワーを発揮することができます。誘惑に打ち勝つには、正面からぶつからず、遠ざけること。それが必勝法なのです。

言い訳を排除するプリコミットメント

人が最も クリエイティブになるのは「言い訳を考えるとき」という言葉があります。それほどまでに、やりたくないことをするとき、人はさまざまな言い訳を連ねてやらな

GOOD

「食べたい？」と自問自答（Dさん／38歳・女性）

買い物に行くと、カゴに次々とスナック菓子などを入れてしまいます。考えるより前に手が出ていることに気づき、「食べたい？」と自分に聞き、本当に食べたいときだけ買うようにした。すると量が劇的に減り、いつのまにか2キロやせていました。

くて済むように持っていきます。

心に誓ったはずの低カロリーのヘルシーな食事や運動も、「スタミナをつけないといけないから」とか、「やりすぎるとかえって体に負担をかけるから」などと言い訳しては「今日だけは特別」と、誓いを破った経験は、誰にもあることでしょう。しかし、「今日だけ」が本当にその日だけで終わったことがありましたか？　おそらく、今日＝ずっと、になってしまったのではないでしょうか。

人は、つい言い訳をしてしまうものです。しかも、このときもウィルパワーの無駄遣いがあることにお気づきですか？　「今日は食べてしまおうか」「いや、ダイエット中だからそれはだめ」「でも、このところ疲れているし、ダイエットもがんばっているし、1日くらい」「いや、1日くらいでもだめ」「でも」などと葛藤している間に、どんどんウィルパワーは失われてしまいます。だから、「ま、今日はいいか」と誘惑に負けてしまうのです。

こんな展開にならないために、ご紹介したいのは、「意志が強い人の口癖」です。

世の中には自分で決めたことをやり遂げる、誰からも「意志が強い人」と呼ばれるがいます。彼らは「今日だけは特別」もないし、「少しくらい」もありません。そうした人たちに自分が決めたことを貫く秘訣を聞くと、面白いほど同じ言葉が返ってくることに気づきました。

それは、「自分は意志が弱いから」という言葉です。

最近仲良くさせていただいている日本一の営業マンがいます。彼は収入が充分にありますから、タクシーを使うことに遠慮などいらないはずです。ところが彼は、いつも自家用車を自分で運転して、会食にやって来ます。不思議に思って聞いてみると、彼はこう答えました。

「僕は意志が弱いから、誘われたらすぐに飲みに行ってしまうし、飲みに行ったらつい飲み過ぎてしまうんですよ。意志が弱いからね。でも、車を運転して帰らないといけないなら、飲みに行くわけにはいきませんよね。車のおかげで、僕は会食のあとでもすぐに仕事に戻れるんですよ」

会食でお酒を飲んでしまえば、そのあとは仕事をすることができなくなります。それを避けるためには、「お酒を飲まない」ことが必要です。しかし、実際に会食の席についてしまえば、1杯だけなら飲んでいいかなという迷いが生まれると思いませんか？　そのときの気分や誘ってきた相手、仕事の進行状況などさまざまな事情を考えて、「今日ぐらいは飲んでもいいかもしれない」と思うときもあるでしょう。まさに、誘惑との戦いが始まるとき。ウィルパワーがどんどん失なわれていく場面です。

こうしたとき、誘惑を断ち切れるよう、彼が選んだのが「自分の車で会食に行く」という方法でした。なるほど、「どうしようかな」と考える間もなく、「車なので、すみません」と断れます。

これを実現させたのが、「自分は意志が弱い」という認識なのです。

誘惑に負ける人ほど、誘惑との無駄な戦いをしています。ダイエットをしているのにオフィスのデスクにチョコレートやキャンディが入っていたり、自宅にスナック菓子をキープしているのは、その最たる例です。**誘惑に負ける人ほど、自ら誘惑と戦わなければならない状況を作っています**。その結果、誘惑と無駄に戦うことになり、ウィルパワーが消耗しているのです。

このように、将来強い欲求に襲われることを事前に見越して、自らを拘束することを「プリコミットメント（事前拘束）」といいます。

ダイエットを成功させるには、誘惑に負けないことが肝心だということは、きっと誰もがわかっていることでしょう。しかし、「誘惑に負けない」とは、「誘惑との戦いに勝つ」ことでは決してありません。**やるべきことは、「誘惑との戦いの場をつくらない」ことであり、「誘惑から逃げる」ことなのです。**

食べてはいけないものは自分の視界に入れない、ランチのカロリーで悩むなら、弁当を持参する、運動すると決めた日はウエアを着ていくか持ち歩く、ひと駅歩くと決めたら、通勤定期もひとつ先の駅から買うなど、「今日はいいか」という逃げ道をあらかじめ断ち切っておきましょう。

やろうと決めたことをやり遂げたいならば、「自分は意志が弱い」と強く認識することが成功の秘訣なのです。

欲求を認めることで自分をコントロールする

誘惑に負けないためには、誘惑から逃げること、とお伝えしました。すると、こう思ったのではないでしょうか。「では、食べたいと思ったときはどうすればいいのか」と。誘惑と戦わないようにしたとしても、100％避けられるわけではありません。自宅やデスクの中のお菓子をすべて処分し、ケーキ屋がある道を通らないようにしていたとしても、完全に見ないようにすることは不可能です。友達がチョコレートを食べているのを見ることもあれば、初めて入ったカフェの入り口に置いてあるケーキに気づくこともあるでしょう。その瞬間、「食べたい！」と思うこともあるでしょう。修行を積んだ高僧ならいざ知らず、人は欲求を完璧に抑えることはできません。生きていれば必ずなんらかの欲求があるのが、人間というものです。

では、「食べたい！」「（運動などを）休みたい！」という欲求が生まれたときはどうすればいいでしょう。

やせたいと思うなら、この欲求は生まれてほしくないものです。だから、「食べてははいけない」「休んではいけない」と欲求を打ち消そうとします。気づかないうちに誘惑との戦いが始まっています。「誘惑とは決して戦わない」と誓ったとしても、自然に生まれた欲求に対して「いや、それはいけない」と思った瞬間に、思わぬ戦いを強いられることになり、ウィルパワーを消耗してしまうのです。

こんなときは自分の中に生まれた欲求を認めましょう。「ああ、食べたいんだな」「休みたいんだな」といった具合です。

自分の心理状態を客観的に観察することで、自己認識能力が高まり、欲求や感情をコントロールしやすくなるのです。「ショートケーキ好きだからね、食べたいよね」「休

「食べたい」って
思ってる…
でも今はいいや
あとで食べよう
食べたい…

みたいんだな。雨が降っているし、面倒だもんね」と、一歩引いて自分の感情を分析するのです。そのことで冷静さを取り戻し、欲求が収まってしまいます。それでも「やっぱり食べたい」という気持ちが収まらないときは、「今はいいや」「今日は休まなくていいや。仕事が終わったら食べよう」と、欲求を先送りにするのです。すると、自分が決めた「食べてもいいとき」が来ても、もう必要なくなってしまいます。

誘惑が多いと感じる方は、ぜひ試していただきたいテクニックです。

ウィルパワー・トレーニングで「続ける力」を手に入れる

ウィルパワーの消耗を抑え、できるだけ使わないようにすると同時に重要なのが、ウィルパワーを鍛えること。消耗を抑えるのがエネルギーを温存する方法だとしたら、鍛えるのはエネルギー貯蔵庫を大きくする方法とイメージするとよいでしょう。貯蔵庫が大きければ大きいほど、少しくらいの消耗ではびくともしなくなります。そして、欲求に強くなり、衝動的な行動が減っていきます。ダイエットだけでなく、仕事やプライベートにもよい影響が表れるので、ぜひ実践してください。

軽い有酸素運動で脳が成長する

ウォーキングやスクワットなど、簡単な運動をすると脳細胞が増えると唱えたのは、医学者のジョン・J・レイティ博士です。博士によると軽い運動をすると脳内でBDNF（Brain-derived neurotrophic factor・脳由来神経栄養因子）の分泌が増えるといいます。これは神経細胞の成長を調整する脳細胞の増加に欠かせない神経系のタンパク質で、これにより脳が成長するミラクルグロウと呼ばれる反応が起きます。脳細胞が増え、強化されることでウィルパワーが鍛えられ、「やる力」「やらない力」「望む力」が発揮できるようになるのです。

オーストラリアのマッコーリー大学の心理学者、ミーガン・オートンと生物学者ケン・チェンは18〜55歳の男女に無料でジムの会員証を提供し、運動を行ってもらう実験を行いました。最初の1カ月では週に1回しかジムに行かない被験者がほとんどでしたが、実験が終わる2カ月後には大半がその頻度が週3回になっていました。定期的に運動を行うようになった被験者は、タバコや酒の量が減り、ジャンクフードをやめて健康的な食生活を送るようになっていました。それだけでなく、テレビを見る時間が減る、勉強するようになるといういい習慣が身につき、さらに衝動買いが減り、先延ばしが減り、感情のコントロールができるようになり、貯金まで増えたというのです。これにより「**運動はウィルパワーを強化し、自己コントロール力を高める**」ということが証明されました。

では、どんな運動をすればよいのでしょう。ミーガン・オートンによると、**15分間**

ランニングマシンに乗るだけで自制心が高まり、自分の欲求を抑えることができるようになったといいます。ジムに行かなくても、家の周りを走ったり、スクワットを行ったりするだけでも効果がえられます。

また、欲求を感じたときに体を動かすと欲求が消えるといいますので、仕事中に「何かつまみたい！」と思ったら、階段を上り下りするとよいでしょう。

姿勢をよくすると前頭葉がパワーアップする

心理学者のロイ・バイマイスターはウィルパワーを強化する方法を見つけるため、2週間、学生たちを3つのグループに分けて、あることをやらせました。1つめのグループは「姿勢をよくする」ことを指示されました。2つめのグループは「食べたものを記録する」ことを、そして3つめのグループは「ポジティブな気持ちを保つ」ことを指示されました。そしてそれぞれのチャレンジが終わった2週間後、再び研究室に集められた学生たちは、「コメディ番組が流れるテレビの横でつまらない作業をこなす」というウィルパワーの強さを試すテストを受けました。学生たちの中で最も成績が悪かったのは、3つめのグループ、そしてもっとも成績がよかったのは、「姿勢をよくする」という単純な指示を得た1つめのグループでした。

誰もが経験あることでしょうが、「姿勢」は無意識の産物のようなものです。いくら「背筋を伸ばした姿勢」をキープしようとしても、何かに熱中してるといつの間にか背中が丸まっていたり、足をくんだりしているもの。それをいちいち「背筋を伸ばす」と意識することは、私たちが考える以上にウィルパワーを必要とする行為です。

無意識の行為を意識化することで、ウィルパワーは鍛えられていくのです。

また、姿勢をよくすることで呼吸が深くなり、前頭葉へ送り込まれる酸素量が増加し、自制心が向上することもわかっています。

欲望の波乗りトレーニングで食べたい気持ちを乗りこなす

先に「欲求が生まれたら、それを否定せず客観的に観察する」ことをおすすめしました。これを一歩進めるのが、このトレーニングです。

まず、欲求が生まれたら、それを抑えないで観察します。食べたいものが目の前にあったら「食べたいと思った自分」を観察し、その欲求を数値化するのです。「このケーキ、食べたいな。でも喉から手が出るほど食べたいというわけではないから、食べたい『レベル9』くらいかな」といった具合です。そして、少しその場を離れたり、他のことをやるなどして欲求が収まったら「あ、『レベル6』になった」と自分の中に生まれた欲求がだんだん収まっていくことをイメージしながら、それを数字で表現していきます。自分自身を観察することで「ああ、とても食べたいと思っている！『レベル10』だ！」というほどの欲求でも、やがて収まっていき、やがて消えてしまうことが具体的に実感できるようになるのです。**保たれ続ける欲求はありません**。どんなに食べたいと思ったものでも、2時間後も覚えていて、再びその場所に戻って食べるということはないのです。これを繰り返すうち、ウィルパワーが強化され、欲求が生まれてもコントロールできるようになります。

低GI値の食べ物を摂れば自制心が高まる

脳のエネルギー源はブドウ糖です。ダイエットの観点から大敵のように思われている糖質ですが、脳にとっては重要な物質。**糖質が不足するとウィルパワーもダウンしてしまうのです**。

炭水化物が消化され、糖に変化する速さを相対的に表したものをＧＩ値（グリセミッ

GI値の低い食べ物
玄米
そば
ナッツ類
葉物野菜
（レタスなど）
白い根菜
（大根やカブなど）
生のフルーツ
肉・魚
チーズ
GI値の高い食べ物
白米
パン
じゃがいも
にんじん
かぼちゃ
ジャム
クッキー・ケーキ・うどん などの
小麦粉製品

ク指数）といいます。ＧＩ値が高いものは血中のグルコース濃度（血糖値）を急激に上下させた結果、グルコースが不足してウィルパワーが低下してしまいます。ウィルパワーを一定の水準にキープするには、短時間でグルコースに変化しない、つまりＧＩ値が低い食べ物を選ぶことが重要なのです。低ＧＩ値の食べ物を選ぶことは、ダイエットにも効果的ですので、ぜひ日々の食事の参考にしてください。

食欲が20％も変わる！適切な睡眠でやせ体質になる

先にご紹介した通り、睡眠時間が6時間以下になるとウィルパワーが低下することがわかっています。つまり、誘惑に負けやすくなり、衝動的な行動を取りやすくなるのです。**睡眠不足は食欲を20％もアップさせることがわかっている**ので、やせたいと思うなら質の良い眠りを確保することが不可欠だといえます。1時間長く眠るだけでも効果があると言われていますので、夜更かしをやめて早めに就寝しましょう。

鼻呼吸にするだけでダイエットが楽になる

心臓の鼓動（心拍）は長くなったり短くなったりする方が正常で、ストレスが高まると心拍数がどんどん一定になっていきます。この心拍数のゆらぎを「心拍変動」といい、これが高まることで自制心が発揮され、ウィルパワーが強化されることがわかっています。最近の研究によると、口呼吸は脳の働きに障害を起こすといわれています。ウィルパワーを鍛えるには、深い鼻呼吸が効果的です。特にヨガで行われる「片鼻呼吸法」はストレス解消、脳の活性化などさまざまな効果が認められている上、鼻づまりを治すという実利的な効果もあるので、試してみるのもよいでしょう。

❶右手親指を右の鼻に添え、薬指は左の鼻に添える。
このとき小指を使ってもよい

❷右手の人差し指と中指を折り曲げる

❸右手親指で右の鼻を押さえ、左の鼻からゆっくり息を吐く

❹息を吐き切ったら左の鼻からゆっくり息を吸う

❺右手の薬指で左の鼻を押さえる

❻右の鼻からゆっくり息を吐く

❼息を吐き切ったら、右の鼻からゆっくり息を吸う

☆❸〜❼を繰り返し行う。5分くらい続けるとよい。

瞑想でウィルパワーが格段にアップする

さて、いくつかウィルパワーの鍛え方をご紹介してきました。この中で自分に合う方法を見つけ、実践してほしいと思いますが、それに加えてぜひ行ってほしい方法があります。それは、瞑想です。

瞑想というと、「宇宙と一体化」とか「チャクラが開く」とか「オーラ」といったスピリチュアルなイメージが浮かんでしまうかもしれません。そういった怪しげなものではなく、集中力、ウィルパワーが高まり、仕事の質と効率が向上することが科学的に証明された瞑想法があります。それが、**マインドフルネス瞑想**です。

スティーブ・ジョブズがプレゼン前に必ず瞑想を行っていたことは有名ですし、インテル、ゴールドマンサックスなどの研修でマインドフルネス瞑想を取り入れていること、グーグルで「サーチ・インサイド・ユアセルフ」という社内プログラムがあることは、世界中で注目されています。

マインドフルネス瞑想を取り入れることによってストレスを訴える社員が減り、データでも心拍変動が高くなる、コルチゾール（ストレスによって分泌されるホルモン）値が下がるなど、ストレスレベルが下がっていることが確認されました。それだけでなく従業員一人あたりの医療費が下がったというデータまであるのです。

他にも、次のような効果が証明されています。

- 1日30分のマインドフルネス瞑想を4カ月続けたら体脂肪のみ減少
- 若返りのホルモンと呼ばれるＤＨＥＡの分泌が40～90％アップ
- 白髪が減る
- 心臓病のリスクが半減する
- 8週間のマインドフルネス瞑想でメンタルが強くなり、性格がよくなる
- 共感力が上がる
- ポジティブになる
- テストの成績が11％向上
- 1日20分のマインドフルネス瞑想を2週間行えばワーキングメモリが向上

「お腹が空いたから食べたい」「体がきついから休みたい」という欲求は、本能的なものです。しかし、「体脂肪を減らして健康的な体を手に入れる」という目標を達成するには、自己コントロール能力を発揮しなければなりません。科学的に効果が証明された**マインドフルネス瞑想でウィルパワーを鍛えれば、「やる力」「やらない力」「望む力」のすべてが発揮され、ダイエットを成功に導くことができるはずです。**

次からいくつかのマインドフルネス瞑想をご紹介します。まずは習慣化することが大切ですから、短い時間でも毎日行い、少しずつ時間を長くしていくのがコツです。

基本のマインドフルネス瞑想で続ける力を手に入れる

マインドフルネス瞑想で基本となるのは「呼吸」です。目を薄く開けて座り、ゆっくりと呼吸を繰り返します。ポイントはできれば1分につき4〜6回のゆっくりとした深い呼吸をすること、そして姿勢を正すことの2つ。呼吸に集中していると、いつの間にか他の考えが浮かんだり、周囲の音が気になってきます。それに気づいたら、「注意がそれた」と認識し、再び呼吸に集中します。このように、**「1つのことに注意を向け、もしも注意がそれたらそれを認識して戻す」ことによって、前頭葉が鍛えられ**

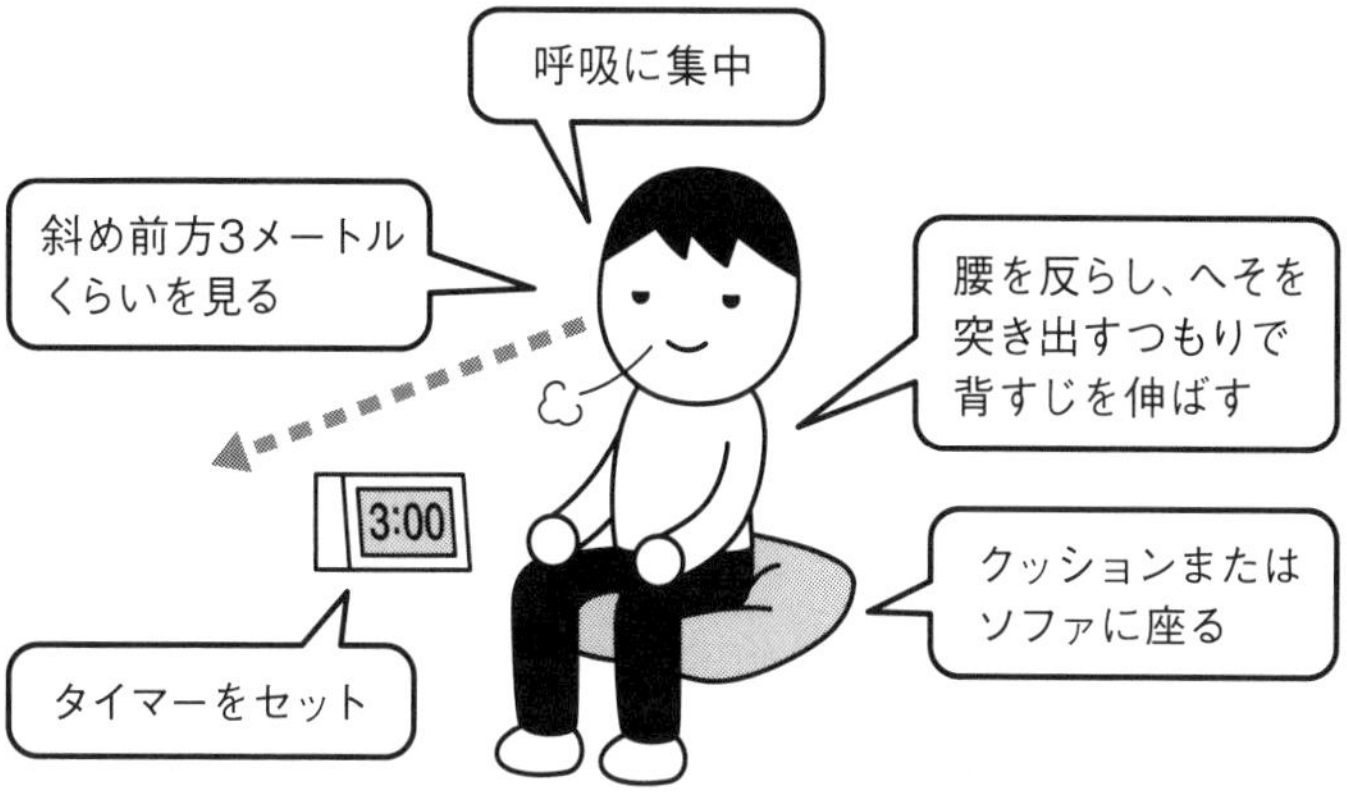
呼吸に集中
斜め前方3メートルくらいを見る
腰を反らし、へそを突き出すつもりで背すじを伸ばす
3:00
クッションまたはソファに座る
タイマーをセット

集中しづらいときは呼吸を数えてもよい

ます。それこそが、マインドフルネス瞑想の真髄です。これができるようになると、ダイエット中に高カロリーなものが目に入り、「食べたい」という欲求が生まれても「いや、今自分はダイエット中だから」と意識を戻すことができるようになります。

タイマーをかけてまずは3分間続けましょう。慣れてきたら5分、7分、15分、20分、30分と時間を長くしていきます。

仕事にも効く!グーグル式瞑想

グーグルの社内プログラムで行われている初歩のマインドフルネス瞑想です。「初歩の」とか「世界で最も簡単なマインドフルネス瞑想」と紹介されることも多いのですが、初めのうちは難しいでしょう。4つのステップに分かれているので、少しずつ挑戦してみるのがおすすめです。

第1ステップ・2分間何もしない

何もせず、じっと座ります。考えごとも眠るのも禁止、許されるのは呼吸だけです。

第2ステップ・3分間呼吸に集中する

先に紹介した基本のマインドフルネス瞑想です。深い呼吸を繰り返し、鼻腔を通る空気に意識を集中させましょう。

第3ステップ・7分間何もしない

瞑想の時間を7分間に伸ばします。前のページで説明した通り、注意がそれたら「今、集中が途切れた」と認識し、元にもどします。

第4ステップ・マインドフルネスリスニング

誰かと協力して行います。呼吸に集中するように、相手の話を一切否定せず、口出しすることなく、ひたすら集中して聴きます。途中で自分の意見を言いたくなったら、集中が途切れたと認識し、再び集中に戻ります。聴き終わったら、聴いた内容を相手に説明します。

第4ステップのマインドフルネスリスニングは、コーチングでは「傾聴」と呼ばれるテクニックに通じるものがあります。上司やママ友など、ちょっと面倒な人の話を聞くときに取り入れるのもいい考えではないでしょうか。いつもならうんざりしてしまう人との会話も、マインドフルネス瞑想になると思えば、ありがたくなってくるに違いありませんから。

科学が証明した慈悲の瞑想とは

グーグルで行われているマインドフルネスプログラムのひとつが、この慈悲の瞑想です。その効果は絶大で、1日10分から15分の慈悲の瞑想を7週間以上続けた人にうつが改善した、偏頭痛が改善した、前頭葉の灰白質が厚くなったなどの効果が表れたといいます。

宗教色、スピリチュアル色が強いので抵抗感がある人もいることでしょう。実は私もそのひとりでした。しかし、この結果を見れば、その効果は信じざるを得ません。

その内容とは「人の幸福を願う言葉を唱える」というものですが、おそらく言葉の内容はなんでもいいのではないか、と思っています。決められた言葉を間違えないように唱え続け、それに集中することがこの瞑想方法の要になっているのではないかと考えているからです。

一言一句、言葉を間違えないように覚えるのに集中し、唱えることに集中する慈悲の瞑想は、注意がそれやすい人に向いています。

1・リラックスして椅子に座る
2・背骨を中心として、自分が旗になったイメージで背筋を伸ばす
3・意識のスポットライトを体に向け、体の重さを意識する
4・目を閉じる
5・今日出会った人の中で、楽しい会話をした人を思い浮かべる。もしいなければ、過去にさかのぼってもよい
6・その人を思い浮かべながら、次の言葉を唱える

「この人は、心と体を持っています。私と同じです。
気持ちや感情、考えもあります。私と同じです。
悲しんだり、がっかりしたり、怒ったり、混乱したりすることがあります。
私と同じです。
人生で心理的・肉体的苦しみを経験しています。私と同じです。
人生で喜びや幸せ、愛を経験しています。私と同じです。
この人は幸せになりたいと思っています。私と同じです。
この人が幸せでありますように」

7・目を開く

長くて覚えられない場合は、次の自分の幸せを願う言葉（慈悲の瞑想、簡易版）に置き換えます。

「私が幸せでありますように。
私の苦しみがなくなりますように。

私の願いが叶いますように。
私が穏やかで過ごせますように」

いかがでしょう。これが5万人いるグーグル社員の10人に1人が行い、絶大な効果をあげている瞑想法です。ぜひ一度お試しください。

ただ実況するだけ。ヴィヴァッサーナ瞑想

仏教には集中力を育てるサマタ瞑想と、物事をあるがままに観察するヴィヴァッサーナ瞑想があります。このヴィヴァッサーナ瞑想の科学的効果が注目され、一般人でも簡単に行えるものとして広がっています。

そのやり方をごく簡単に言ってしまうと、「自分の心の状態、心に生まれた欲望を常に観察し、実況中継するように認識し続ける」こと。これだけで瞑想になります。

たとえば、カフェに入ったとき、「混んでいる店内で、少しでも居心地のよい席を探している自分」「座ったとき、太ももの裏側に痛みがある」「ピアノの音に心が落ち着く」「女性の甲高い笑い声に少しイラついている」「落ち着こう！」というように、

サボりたいと
思っている
なんだか
ユウウツ
手が冷たい
足がだるい
だから運動した
方がいいい！

“自分”を実況中継する

自分の周囲と体、心で起きていること、感じていることを実況することで、「今・この瞬間」に集中する訓練になるのです。

目を閉じて行ってもいいのですが、**欲求を感じたとき、怠けたくなったときにヴィヴァッサーナ瞑想を発動するのが効果的**でしょう。そうすることで自分の感情や心の動きに気づくことができ、前頭葉を鍛えることができるのです。

ダイエットの天敵、自己否定を防ぐリカバリー法

ウィルパワーが消耗しないように節約し、瞑想で鍛えたとしても、完全に誘惑を断ち切ることは困難です。特に瞑想を始めたばかりの頃は、つい負けてしまった、ということはあることでしょう。

しかし、そこで決して「瞑想なんかやっても無駄」とすべてを否定したり、「やっぱり自分は弱い人間」と自暴自棄に陥らないでほしいのです。そんなとき、どうすれば乗り越えられるか、再び気持ちを立て直せるか、その方法をご紹介しましょう。

未来の夢より数日後のご褒美を設定する

ダイエットするときは「目標」を立てるものです。たとえば今より10キロやせよう、今年の夏は海に行こう、腹筋を割ろうなどなど、できるだけ具体的な目標を立てることは、悪いことではありません。しかし、その「目標」は目の前にある高カロリーメ

ニューを我慢するモチベーションにはなりにくいという傾向があります。なぜなら人は、描いていた望ましい未来が遠ければ遠いほど、その価値を低く感じてしまうのです。毎月1万円ずつ貯金して、3年後に車を買おうという目標を立てたとしても、今日見つけた掘り出し物のバッグに3カ月分の貯金を投じてしまうのは、そのせい。**未来の夢は目先の欲望に負けてしまうのです。**だとしたら、それを逆手にとりましょう。お裾分けのクッキーをもらって、それを食べてしまいたいと思ったとき、「クリスマスパーティで理想の体型をアピールしたい」と思ったところで、話が先すぎて「クッキーを我慢する」理由にはなりにくいのです。それより、「今は食べない。その代わり、明日、高級チョコレートを食べよう」と思えば、すんなりとクッキーをしまいこむことができます。このように、あまりにも先のことよりも、**数時間後、数日後によいことを設定した方が、誘惑に負けにくくなります。**欲求は無理に抑えるのではなく、うまく使いこなすことがポイントなのです。

自分を責めるより許した方がダイエットはうまくいく

誘惑に負けてしまったとき、食べてはいけないものを食べてしまったとき、やろうと決めていたことができなかったとき。それは「やる力」「やらない力」が発揮できなかったときです。こうしたとき、つい「自分はダメ人間」「意志が弱い」と自己否定しがちになります。襲ってくるのは紛れもなく罪悪感。さて、ここから立ち直ることはできるでしょうか。これが残念なことに、多くの場合「もう、どうにでもなれ」と開き直ってしまうのです。それは罪悪感に潰されまいとする防衛本能かもしれません。そして、開き直った結果、ダイエットは終了。ドカ食いに走ってしまいます。

こうならないための方法はただひとつ。**「自分を許す」ということに尽きます**。

もし、誘惑に負けてしまったとしても、「こういうこともあるさ」とできなかった自分を認めましょう。そして、もし食べ過ぎてしまったのなら「明日は朝食を抜こう」など、一両日中に収支を合わせるのです。そうすれば、罪悪感による挫折を防ぐことができます。運動をサボってしまったときも「こういうこともあるさ」と認め、「今日は運動ができなくて残念だったね」と自分を慰めるモードに切り替えることです。運動はよいこと、楽しいことだと改めて認識し、自分に言い聞かせることで、再びサボることがなくなります。

脱フュージョン法で罪悪感をなくす

誘惑に負けてしまったときの罪悪感を解消する方法は、もうひとつあります。たとえばダイエット中に食べてはいけないものを食べてしまったとき、「自分はなんて意志が弱い人間なんだ」という罪悪感にとらわれます。このとき「もうどうにでもなれ」と開き直ってしまうときもありますが、反対に「意志が弱い自分はダメ人間」「こんなダメ人間はダイエットどころか何をやってもダメ」「生きていく価値もない」と、どんどんネガティブ思考の連鎖にはまり込んでしまうこともあります。

こうしたネガティブ思考と自分を切り離し、否定的な感情に取り込まれないようにする方法が、脱フュージョン法です。やり方は次の通りです。

・ネガティブな感情（例・「自分はダメな人間だ」）が生まれたら、その言葉を小さな声でつぶやき、どんな感覚が生まれたかをチェックする。
・次に、その言葉を頭の中でつぶやき、その後すぐに「……と思った」と付け加える。
・さらにその言葉を繰り返しつぶやき、その後すぐに「……と思ったことに気づいている」と付け加える。

この例でいえば、「自分はダメな人間、だと思った」「自分はダメな人間、だと思ったことに気づいている」といった具合です。あまり深刻にならずに、軽い感じでつぶやくと、さらに効果的です。

「禁止目標」は「実行目標」に変えればうまくいく

誘惑に負けて決めていたことができなくなったとき、その理由を客観的に考えると、そこに「禁止」があるケースがよくあります。特にダイエットでは「甘いものを食べてはいけない」「炭水化物を食べてはいけない」「エレベーターに乗ってはいけない」など、「禁止」のオンパレードになりがち。「禁止」でがんじがらめになってしまうと、まるでその呪縛から逃れるように、やってはいけないことをやってしまうのです。たとえば、夜遅くにラーメンを食べたりして……。これは「禁止」をしたのが失敗の原因になっています。それより、「何をするべきか」に注目しましょう。たとえば「1日1食しか食べてはいけない」ではなく、「1日1回お腹いっぱい好きなものを食べる」

というように願望を実行することに目を向けるのです。「ケーキを食べてはいけない」ではなく、「フルーツを食べる」に。「夜遅くにラーメンを食べてはいけない」ではなく、「遅い時間はお茶を飲む」に。**「禁止」を「実行」に置き換えることで、挫折がなくなります。**

カナダのケベック州、ラヴァル大学の研究によると、「何を食べるべきか、何をするべきかに注目すると、ダイエット参加者の3分の2が減量に成功し、16カ月後も体重をキープしたのだとか。**成功を呼び込むには、「実行」に注目することなのです。**

ときには欲求を受け入れる

欲求とウィルパワーに関するこんな実験があります。まず、学生を2つのグループに分け、それぞれの前に一口サイズのチョコレートをたくさん出しておきます。1つのグループには「食べたいと思ったら、素直に自分の気持ちを認めていい」、もう一方のグループには「食べたいと思ったら、その気持ちを戒めなければならない」と伝えます。そして一定時間が過ぎたあと、「チョコレートを食べてもいい」というと、食べたい気持ちを否定したグループはたくさんのチョコレートを食べる一方で、自分の欲求を認めたグループはチョコレートを食べなかった、という結果が出ました。

これは、自分の中にある欲求を否定したり、見て見ぬ振りをすればするほど、その欲求に対して制御ができなくなることを証明しています。つまり、食べてはいけないと思えば思うほど、無意識のうちに本当に必要な量を超えて食べてしまうのです。

それに対して、**食べたいという気持ちを受け入れると、食べるという実際の行動に移さずに済みます**。仮に食べてしまったとしても、すぐに満足するため、それほどたくさん食べずに済むのです。

ダイエットは「食べたい」という欲求とどう戦うかに目が向かいがちです。しかし、再三お伝えしましたが、欲求と戦って勝てることはまれです。ウィルパワーを鍛

糖質とウィルパワー

ウィルパワーを発揮するとき、体内で消費されるのが糖質。つまりダイエットに理想的な低ＧＩ値や糖質カットの食事ほど、ウィルパワーが不足し、誘惑に負けやすくなってしまうのです。ウィルパワーが十分に鍛えられる前に食事制限をすると失敗しやすいのは、糖質の摂取量に原因があることを意識しましょう。

えて欲求をコントロールすること、そしてそれでも欲求が湧いてくるときは、それを否定してはいけません。ときには欲求を受け入れ、そしてそんな自分を許すことが、ウィルパワーの消耗を防ぎ、ダイエットを成功させる秘訣なのです。

まとめ

●ウィルパワーは脳の体力。ダイエットの成功に不可欠！

ウィルパワーとは「やる力」「やらない力」「望む力」の3つ。誰もが持っていて鍛えることが可能。これがないと決してダイエットは成功しない。

●ウィルパワーは有限。無駄遣いを減らして節約すること

「食べてはいけない」「運動しなければいけない」と強く思えば思うほど「やらない力」が浪費され、ウィルパワーが消耗。結果、挫折するだけでなく太る行動に走ってしまう。

●ウィルパワーを鍛えれば欲求がコントロールしやすくなる

ウィルパワーの消耗を抑え、鍛えることで欲求がコントロールできるようになる。ウィルパワーを鍛える最良の方法はマインドフルネス瞑想。

4章

ダイエットを習慣化するための心理学

習慣化の心理学でリバウンドはなくなる

ダイエットの話をしていると、たまに首を傾げたくなるときがあります。それは、やせ効果の高い運動や食生活の話をしているときに、「で、それはどのくらい続ければよいのですか？」と聞かれるときです。多くの人がダイエットに挑戦しても、数カ月にはリバウンドして前以上に太ってしまうのは、ここにも原因があります。

「スッキリやせて、目標だったパーティでも褒められた。明日からは好きなものを好きなだけ食べよう」。これは多くの人がやりがちな間違いです。本書の最初の方に、アカデミー賞授賞式に向けて涙ぐましい努力をするハリウッド女優をご紹介したことを覚えているでしょうか。セレブでさえ同じような間違いをしているのだから、一般人がこうなってしまうのも無理はないのかもしれません。しかし、これはあまりにも無意味なことです。なぜなら、**リバウンドすると前以上に脂肪がつきやすく、前以上にやせにくい体になることが、科学的に証明されているからです。**

食事制限や運動をして、満足できる体型になったら終わる。それがダイエットでは決してありません。もし、やせるまでの期間だけ行うのがダイエットだとしたら、何度もリバウンドを繰り返すことになるだけです。

ダイエットとは、理想の体に向かうための調整期間ではありません。それは、体をリセットし、理想的な状態を保てる自分になるための習慣を身につけること。だからこそ、リバウンドもなく、二度と太ることもなく、ずっと理想の体をキープできるのです。

毎日腹筋運動をすると決めたら、望み通り理想の体重になってからも、腹筋運動は続けます。低カロリー・高タンパクの食事をすると決めたら、その食生活を自分のものにするのです。

本書で紹介するダイエットを通して始めた生活を続けていけば、自己コントロール能力が自然と鍛えられるので、ときにはめを外してしまったとしても、取り返しがつくようになります。たとえば、フレンチのコースでデザートまで食べてしまったら、次回多翌日は食事を1回抜いて調整するとか、急な出張でジムに行けなくなったら、もちろん、めに運動するなどして「取り返す」ことが自然にできるようになるのです。

ウィルパワーが充分に高まれば、はめを外すこと自体、ほとんどなくなるでしょう。

これが、「ダイエットが自分のものになり、身につく」という状態です。

ダイエットを自分のものにするに必要なのは、「続けること」。ただそれだけです。

朝起きたらエクササイズすることも、ひとつ先の駅から乗り降りすることも、サラダにはマヨネーズではなくポン酢をかけることも、目標体重に届くまでのイレギュラーな行動ではありません。これから毎日続ける行動、つまり「習慣」です。

ダイエットを成功させて理想的な体を手に入れ、そしてそれをキープするためには、理想的な食事や運動、瞑想などを自分の習慣にしてしまうことが不可欠。そうでないと、あなたは必ずリバウンドして、前以上に太ってしまうでしょうし、前以上に悲観的になってしまったり「もうどうでもいい」な行動をとるようになってしまいます。

たとえば、朝起きたら必ず歯を磨きますね。夜は必ず風呂に入るし、眠るときはパジャマに着替えます。もし、それをしなかったら、どういう気持ちになるか想像してみてください。おそらく「気持ち悪い」「我慢できない」という感覚になるのではないでしょうか。習慣化するということは、そういうことです。自分で決めた食べるものや食べ方のルール、運動など、「やらないと落ち着かない気持ちになる」「物足りない気がする」「なんとなく気分が悪くなる」というようになれば、ダイエットが自分のものになり、身についた状態になります。

やせたいという願いから始めた新しい行動を継続させ、習慣化するには、ウィルパワーが必要です。しかし、ひとたび習慣になってしまえば、もうウィルパワーは不要。自然に自分で決めたよい行動が、自然にできるようになるのです。

この章では、よい行動を習慣化し、自然に継続するためのテクニックをご紹介しましょう。「義務感」や「頑張り」は不要です。ウィルパワーを鍛えるトレーニングとして、日常生活の中で取り組んでみてください。きっと生活が、そして体型が変わっていくことでしょう。

習慣化のリレートレーニングを始めよう

ダイエットに有効な習慣は、「食事」と「運動」。たとえば、「夜8時以降は食べない」、「朝起きたら、すぐにジムに行く」などです。しかし、これを習慣にするのは簡単なことではありません。「忙しくて夕飯を食べ損なったから」といって、夜遅くにコンビニのおにぎりとカップ麺を食べてしまったり、「今朝は雨が降っているから」といってジムを休んでしまうなど、自分に都合のよい言い訳をして、せっかく決めたことを破ってしまいがちです。マインドフルネス瞑想が3分続くのがやっと、というウィルパワーが充分鍛えられていない段階では、特にこうなる傾向が強くなります。はっきりいうと、ウィルパワーが鍛えられておらず、その量が少ない段階では、どんなによい習慣であろうと、それを身につけるのは困難が伴います。そればかりか、ウィルパワーをどんどん消耗することになってしまうのです。

ウィルパワーがまだ弱い段階、つまりマインドフルネス瞑想が3分続くのがやっと、という段階では、大きな目標を立てるのは避けましょう。挫折のもとです。それよりも、「小さな習慣」を重ねるトレーニングがおすすめです。

どれほどささいなことでも、「これを習慣にしよう」と決めたとき、自分の中に「自制心」が生まれます。たとえば、「スナック菓子はひとつ食べるごとに袋の口を小さく畳んでクリップで留める」という行動を習慣にする、と決めたとしましょう。今までは無意識に袋に手を入れて食べていたのに、いちいちクリップで留めるのですから、それは面倒なことです。しかし、無意識の行動を意識的な行動に変えていくことは、自分の注意を特定の方向に向けるということ。それによって前頭葉が鍛えられ、ウィルパワーが強化されることがわかっています。

ここで重要なのは「行動に結びつく習慣」であること。前の章でもご紹介しましたが、「ポジティブなことを考える」といった見えないことではなく、「姿勢を正す」「食べたものを記録する」といった、**実際の行動に結びつかないと、習慣化は実現できませんし、自制心を鍛えることもできません**。そうした「小さな習慣」を重ねていくことで自制心が鍛えられ、「習慣化」ができるようになっていくのです。

「小さな習慣」はどんなものでも構いません。今すぐ始められる、簡単なおすすめの例をいくつか挙げてみましょう。

・寝る前の歯磨きは利き手と反対側の手で行う
・朝起きたら3分以内に今日着る服を決める
・朝食の前に白湯を飲む
・ネットサーフィンをする前に30数える
・仕事などに集中するときはスマホの通知をすべてオフする
・スナック菓子を食べたくなったら皿に出す
・寝る前に明日やるべきことを5つ書き出す
・食事のとき、一口食べるたびに箸を置く
・どんなものでも使ったあとはすぐに元の場所に戻す
・寝る前に明日やるべきことを5つ書き出す

どんなことでも構いませんが、「これを習慣にする」と決めたら、必ず決めた通りに行います。この段階では、ほんのささいなことにするのがポイントです。あまりにもささやかすぎて、ついうっかり忘れてしまいそうですよね。それを忘れないようにすることで自制心が鍛えられます。

これを繰り返すうち、意識せずに行えるようになります。それが「習慣化した」ということです。ひとつのことが習慣化したら、次はもう1つ、さらにもう1つと習慣を増やしていきます。これが「習慣化のリレートレーニング」です。

これは、「ひとつひとつの行動に対して意識的になる」というトレーニングにもなります。人がつい誘惑に負けてしまうのは、自分の欲求が抑えられないのではありません。自分の欲求、そして行動が見えていないことに原因があります。**重要なのは、「自分は今、欲求と戦っている」ことに気づくということ。**習慣化のリレートレーニングは、自分の何気ない行動に気づくためのトレーニングにもなるので、日頃から「意志が弱い」「すぐにくじけてしまう」という自覚があるなら、ぜひ試してみるとよいでしょう。

よい習慣をどんどん増やすハーバード大学の20秒ルール

1章で習慣が身につくまでの期間は、簡単なものでも21日、難しいものだと少なくとも66日間かかるという説をご紹介しました。前の項でご紹介した「小さな習慣」も、一読すれば大したことがない簡単な行動ですが、これを習慣にしようとしたら21日間続けることが必要、というわけです。習慣化するということは、それほど大変なこと、ということもできます。

同様に、あなたの「ついやってしまう悪い習慣」も、長い時間をかけて完全に自分の習慣と化してしまっているのだということに気づいたでしょうか。

たとえば、帰宅前にコンビニに寄ったら、それが何時であろうと、空腹であろうとなかろうと、スナック菓子やおにぎりなどを買っていませんか？　コンビニにはヘルシーなチキンもあればサラダもあるし、ナッツもドライフルーツもあるのはわかっているはず。ダイエットのためにはそれらを選ぶのが正解だということも、遅い時間の救世主だということも知っているはずです。もしかすると、こうした商品について「ダイエットにいいし！　今度は買おう」と思っていたかもしれません。それなのに、「つい」油っこくボリュームのある食べ物を買ってしまう。それは、長い間「コンビニに入ったらスナック菓子を買う」という行動を続けた結果、いつのまにかそれが習慣になってしまった証拠です。

ダイエットという目的を達成するためには、小さなよい習慣を少しずつ増やしていく一方で、今まで積み上げてしまった悪い習慣を断ち切らなければなりません。そうでないと、「これをやるべき（身に付けたいよい習慣）」と「いや、やっぱりこっちをやりたい（断ち切りたい悪い習慣）」というふうにいちいち迷うことになります。理想と本心がぶつかり合って葛藤が生まれてしまうのです。これではウィルパワーが無駄に消耗されるばかりでしょう。

こうした事態を避けるには、日常生活の中で「よい習慣を増やし、悪い習慣を減らしていく」ことをしなければなりません。

そうはいうものの、「習慣化」は難しいものですし、一度ついてしまった悪い習慣を断ち切るのも簡単なことではありません。

そこで取り入れたいのが「20秒ルール」です。

これは2006年、ハーバード大学で人気ナンバーワンの履修科目「ポジティブ心理学」で講師を務めたショーン・エイカーが提唱した習慣化のコツです。その内容をごく簡単に説明しましょう。

・よい習慣を身につけようとするなら、それをする手間を20秒減らす
・悪い習慣をなくしたかったら、それをする手間を20秒増やす

たとえば、毎朝なわとびをするという習慣を身につけたかったら、目立つところになわとびを置いておきます。家に帰るとすぐにテレビをつけてソファに座り込んだまま動かなくなってしまう習慣をなくしたかったら、テレビのリモコンは引き出しや戸棚の中にしまいこみます。

よい習慣は20秒素早く始められるようにし、悪い習慣は20秒余計な手間がかかるようにするのです。たったこれだけのことで、「習慣化」は驚くほどスムーズに進みます。

私も毎朝のジム通いを習慣にしているのですが、ウエアやタオル、シューズなどは袋にひとまとめにしておいて、玄関に置くようにしています。こうしておくと、「行こう」と思ったらすぐに行けるし、少しモチベーションが落ちているときでも、このセットが目に入ると、自然に「行こう」という気持ちになれるのです。

たとえばデスクにチョコレートが盛られた皿が置いてあったら、仕事をしながら無意識のうちにすべて食べてしまうことでしょう。しかし、チョコレートを固いふたのついた箱に入れ、さらにデスクから少し離れた場所にある戸棚にしまうと、わざわざ席を立ってまでチョコレートを食べようとは思わなくなるのです。「20秒簡単にする」「20秒面倒くさくする」、たったこれだけのことで済みますし、もちろんウィルパワーを使うこともありません。

ダンベルや腹筋マシーンを買ったけれどまったく使っていないという人、多いですよね。見えないところにしまいこむのはやめて、目立つところに置きましょう。今までよりも運動するようになりますよ。

実行力をアップするIF-THENプランニング

今までの悪い習慣をやめ、新しくよい習慣を始めるためには、「やると決めたことを確実に実行する」ことが必要です。ところが、「やる」と心に決めることと、行動に移すこととの間には大きな差があります。人は、「やる」と言いながら、実際はやらないことがたくさんあるのです。「やろうと思っていた」という言い訳とともに、先延ばしにしてしまうことは、誰もが経験あるのではないでしょうか。

たとえば、「やるべきこと」を書き出して、目立つところに貼っておく人もいるかもしれません。しかし、どうでしょう。リストに入れたものは、いつも確実に実行し、終わらせているでしょうか。「ここ何カ月も、同じTO DOリストが貼りっぱなしになっている」ということが多いのが実態ではないでしょうか。

どのようなことでもまず実行に移さなければ、習慣化は実現できません。しかし、人はさまざまな言い訳をしては先延ばしにしてしまうもの。そして、いつの間にか「始めよう」と思っていたことが「いつか、始めよう」に変わってしまい、そのあげく、忘れてしまうことも。これではいつまで経っても、何も始めることはできません。

そこで取り入れるとよいのが、「IF-THENプランニング」です。

これはコロンビア大学でモチベーションをテーマに研究する社会心理学者、ハイディ・グラント・ハルバーソンが提唱したもので、日本語に訳すと「条件付き実行計画」。この方法を取り入れると、2倍から3倍も達成する確率が高まることがわかっている、効率アップのためのテクニックです。

やり方は簡単、TO DOリストに明確な期日や場所を追加するだけ。たとえば「○さんに電話する」という項目があったら、「月曜13時に電話する」と付け加えます。たったこれだけのことで、確実に予定を達成できるようになるというのが、「IF-THENプランニング」です。実行に移すための期日や場所という条件をつけるだけで、脳はその予定を実行する状況を具体的に描きだし、確実に記憶します。そのため、予定を実行する可能性が高まるのです。

このテクニックはダイエットから感情のコントロール、先延ばしの回避と、さまざまな目的で使うことができます。

これを習慣化に応用しましょう。たとえば、運動を始めようと思ったら、「毎朝走る」だけでは漠然としすぎています。「月曜、水曜、土曜は家から公園まで走る」というように日時や場所まで具体的に予定を立てるのです。すると、ただ単に「毎朝走る」という予定の立て方よりも実行する可能性が高くなります。

IF－THENプランニングは、新しくよい習慣を始めるときに効果を発揮するだけでなく、無意識にやっていた悪い習慣を断ち切るときにも使えます。

電車で席が空いていたらすぐに座ってしまう↓空いている席を見つけたら、隣の車両に移る
コンビニでスナック菓子を買ってしまう↓コンビニではフルーツやナッツ、こんにゃくゼリーを買う
イライラするとやけ食いをしてしまう↓イラッときたら3分間瞑想をする

続けたいよい習慣も、もうやめたい悪い習慣も、「AだったらB」という形なら実行に移しやすくなります。「いつかやろう」と思いがちなら、ぜひ試してみましょう。

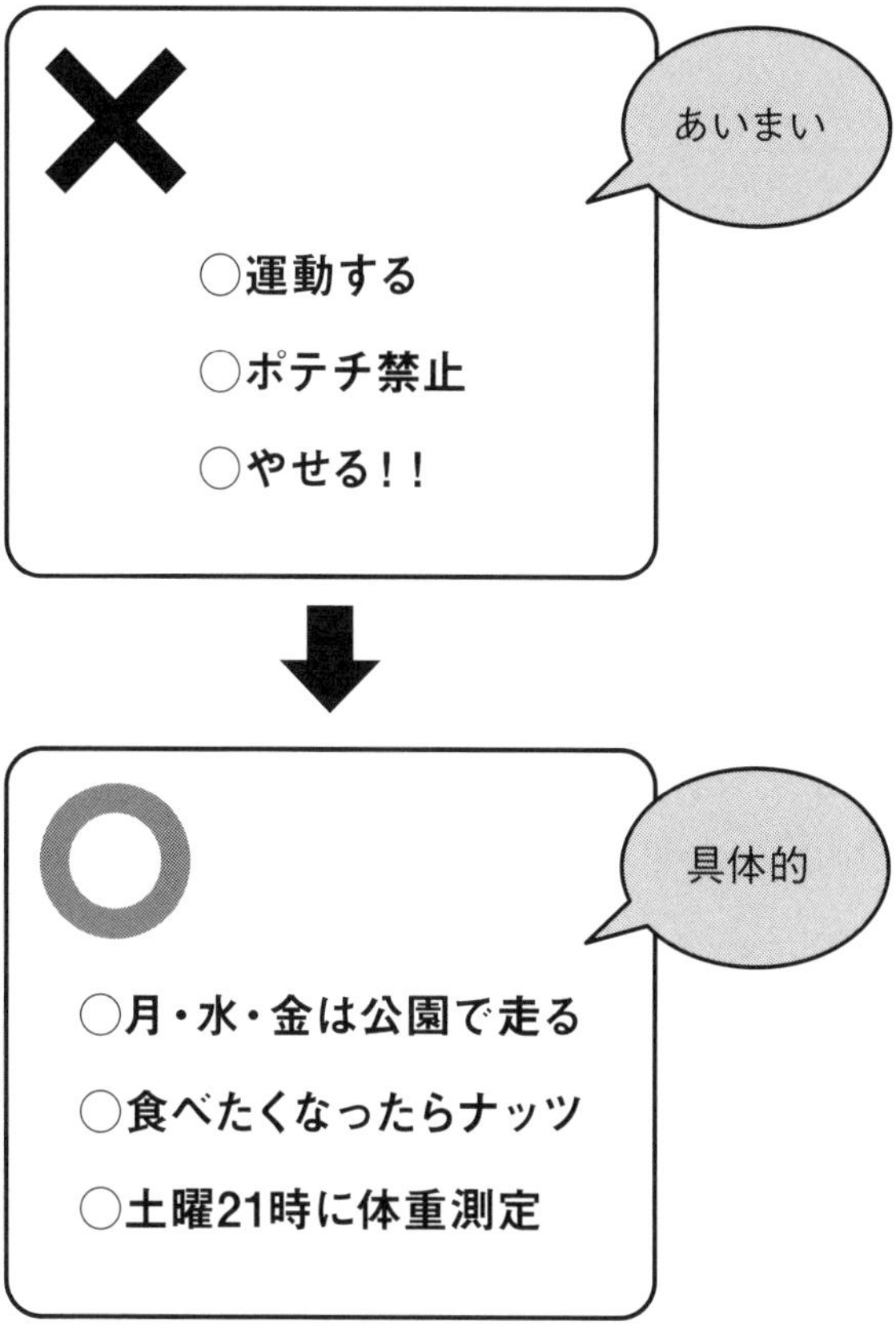
あいまい
○運動する
○ポテチ禁止
○やせる！！
具体的
○月・水・金は公園で走る
○食べたくなったらナッツ
○土曜21時に体重測定

IF-THENプランニングで実行力をアップさせる

ウィルパワーに合わせて確実に運動を習慣化する

健康的にやせて、理想的な体型を手に入れるためには、運動が不可欠です。しかし、スポーツから遠ざかってしまった人や、部活などでスポーツを楽しんだ経験のない人にとって、運動を始めることはハードルが高いもの。いくら「やせるために必要」とか「健康に絶大な効果」だと理解することはできても、いざ実行するとなるとためらってしまいがちです。ところがこうした人たちに限って、ダイエットのためにと一念奮起すると、自分のレベルを超えた運動プログラムを設定してしまう傾向があります。

たとえばジムに入会したり、プールに通おうとするのはその代表例。自宅ではなくどこか特別な場所に通うことで運動習慣を身につけようという計画でしょうが、これは得てしてうまくいきません。なぜなら「運動をする」というだけでもウィルパワーが必要なのに、「ジム（またはプール）に通う」という行動が加わるのです。ウィルパワーが充分に鍛えられていない段階では、早々に挫折するのは当たり前だということは、ここまで読んでいただけたなら、もうおわかりでしょう。

しかも、日常的に体を動かしていない人、運動の経験があまりない人がダイエットのための運動をしようとすると、筋力を必要としたり、複雑な手順を踏むものでないとやせることはできないと思い込んでしまうのです。

たとえば、テレビや雑誌でよく紹介されている「シェイプアップ体操」。見たところ単純な動きで、通してやっても1回5分程度。少しやってみると簡単で、これなら続くかもしれない、と思ってしまいがちです。

ところがここに落とし穴があります。まず、単純な体操とはいえ、日頃動かしていない筋肉を使うことで、筋肉痛などの負担が生じます。次に、体操の動きを覚えなければならないのも、次第に面倒になります。そして、決定的な落とし穴が、毎日続ける、ということ。体に負担があり、面倒臭く、しかも毎日やらなければならないとなると、早々に挫折してしまいます。「三日坊主」といいますが、運動経験がなく、さらにウィルパワーが鍛えられていない人にとっては、3日も続けばマシというもの。

それほどまでに「運動」を習慣化するのは難しく、挫折しやすいものなのです。

運動の習慣を身につけるなら、まずウィルパワーを鍛えることが不可欠です。マインドフルネス瞑想を毎日行うことが、実は欠かせません。その上でごく強度の軽いものから少しずつ運動を取り入れていき、マインドフルネス瞑想の時間が長くなるにつれ、運動の種類と強度を上げていく。ステップを踏んで上がるように、少しずつ取り入れていくことが、運動を習慣化させるコツです。

最初に取り入れる運動は、少し早足の散歩で構いません。「マインドフルネス瞑想と同じ時間だけ散歩する」という日課を生活の中に組み込んでください。そして、マインドフルネス瞑想の時間が長くなるにつれ、散歩の時間も長くし、他の運動をプラスします。

運動は複雑なものだと挫折しやすいので、初めの頃のステップでは単純な動きを繰り返すスクワットがよいでしょう。そして、マインドフルネス瞑想の時間が15分を超えたら、散歩、スクワットに加えてＨＩＩＴ（High-intensity interval training）を行うというプログラムをおすすめしたいと思います。それぞれの運動のやり方は次の項からご紹介しましょう。ウィルパワーを強化しながら運動強度を上げていくので、無理なく運動が習慣化し、結果が出やすい方法です。

マインドフルネス瞑想	3分	7分	15分	20分	30分
散歩	3分	7分	15分	20分	30分
スクワット	—	10回	30回（1分）	60回（2分）	100回（3分）
HIIT	—	—	1セット	2セット	3セット

マインドフルネス瞑想の時間が長くなるに従い、運動の種類を増やし、強度を上げていく。

マインドフルネス瞑想30分、散歩30分のレベルになるとMAP（Mental and Physical）トレーニングという領域に入る。MAPトレーニングは週に2回行うだけでうつ病の症状が軽減されたというデータもあり、「精神的健康を維持する効果も期待できる治療法になり得る」として注目を集めている。

無理なく運動を習慣化させる・1

科学が証明したもっとも効果的な筋力トレーニングとは

ごく大雑把に説明すると、運動は大きく有酸素運動と筋力トレーニングに分類されます。有酸素運動は、酸素を取り込みながら長い時間体を動かすことで体脂肪を燃焼させる効果があるもので、代表的な運動にエアロビクス、ジョギング、ウォーキングがあります。一方、筋力トレーニングは負荷を与えることによって筋肉を増大させる効果があります。筋肉は体の中で最もエネルギーを消費する器官であり、筋肉が大きくなるということは基礎代謝というじっとしていても消費するカロリーが多くなるため、余分なエネルギーを燃焼しやすい体をつくります。

余分な脂肪を落として理想的な体型を作りたいなら、有酸素運動と筋力トレーニングを組み合わせることが欠かせません。とはいえ、慣れないうちの筋力トレーニングは辛さを感じやすいので、ウィルパワーがある程度強化されてきたら（具体的にはマインドフルネス瞑想が7分続けられるようなったら）早足の散歩と組み合わせて行うようにしましょう。

筋力トレーニングというとジムでのマシントレーニングやダンベルを使った運動が浮かぶかもしれません。しかし、「別の場所に行かなければならない」「道具が必要」という運動は、手間がかかる分ウィルパワーを消耗しやすいという危険性があります。最初のうちは道具を使わない運動、つまり自重トレーニング（自分の体重が負荷となる運動）がよいでしょう。

自重運動には腹筋運動や腕立て伏せがありますが、おすすめしたいのはスクワットです。スクワットは最も筋肉が集中している下半身を中心に鍛えるのが特徴。特にお腹周りやお尻、太ももなど余分な脂肪が気になる部位にダイレクトに効き、見た目の変化が出やすいので運動するモチベーションも上がります。**スクワット15回は腹筋500回分の効果がある、**とする説もあるほど。真偽のほどは定かではありませんが、腹筋運動や腕立て伏せよりも辛くない上、効果が高いのは、間違いありません。「やせる」というだけでなく、「運動を習慣化させる」という目的もあるのですから、辛さがなく、しかも効果が高い運動を選ぶ方がいいに決まっています。

マインドフルネス瞑想と運動は、夜よりも朝行いましょう。**朝の運動はウィルパワーを強化する効果が認められています**。

まずはマインドフルネス瞑想を7分間行い、7分間の早足での散歩をし、戻って来たらスクワットを10回。このセットをしばらく続けてください。最初のうちは週に2〜3回を目安に行うとよいでしょう。スクワットをしない日も、マインドフルネス瞑想と散歩は続けましょう。

膝を曲げて腰を上げ下ろしするだけのシンプルな運動ですが、正しいやり方で行わないと膝を痛めてしまう原因になります。ここで紹介するやり方は、もっとも負担の少ない方法ですので、ぜひマスターしてください。

❶ 足を肩幅に開いて立ち、両腕を肩の高さに上げる
ひざはつま先と同じ方向
☆ひざに力を入れすぎないよう注意
つま先は正面

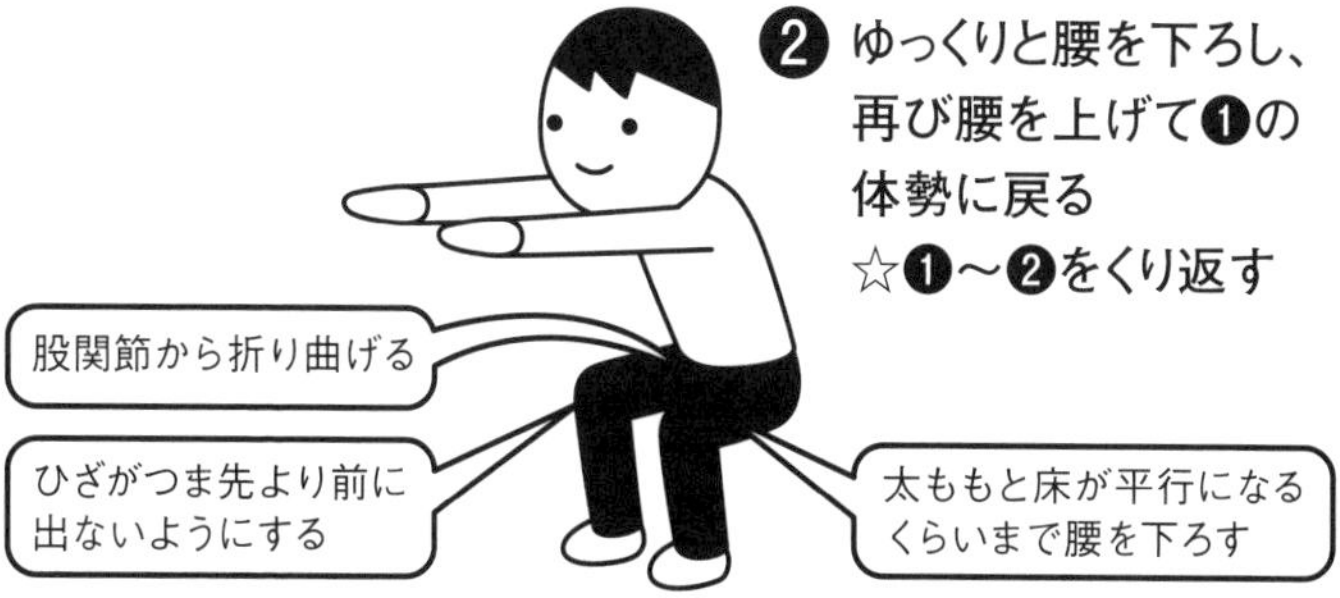
❷ ゆっくりと腰を下ろし、再び腰を上げて❶の体勢に戻る
☆❶〜❷をくり返す
股関節から折り曲げる
ひざがつま先より前に出ないようにする
太ももと床が平行になるくらいまで腰を下ろす

NG!
ひざがつま先より前に出ると効果が出ないだけでなくひざを痛める

無理なく運動を習慣化させる・2

たった7分間で1時間分の運動効果があるHIITとは

「短時間で脂肪が燃える、もっとも効率のよい運動」として注目を集めているHIIT。直訳して「高強度インターバルトレーニング」とも呼ばれることもあります。有酸素運動と筋力トレーニング両方の効果が得られるとして、欧米では2000年頃からアスリートやハードなトレーニングを目指す人たちが取り入れるようになり、そこからじわじわと一般に向けて広がっていった運動のメソッドです。

その内容を簡単に説明するなら、「全力での運動」と「短時間の休憩またはゆるい運動」を交互に繰り返すこと。陸上選手が行う「ダッシュ&ジョグ（全力疾走とゆるいジョギングを交互に繰り返す）」もHIITの一種。

高い強度の運動を短時間に行うことで大きな消費エネルギーが得られるのが特徴で、筋肉を減らすことなく脂肪だけ減らせる、体力がつく、血液中のミトコンドリアの活動量が増えて代謝が上がるため、アンチエイジング効果も期待できると、まさにいいことずくめのトレーニング方法です。

HIITを一躍有名にしたのが、立命館大学の田畑泉教授が考案した「タバタトレーニング」。これは「20秒間全力で運動し、10秒間休憩する」を8回行い1セットとする、わずか4分間のトレーニング方法で、「4分間ダイエット」とか「4分間運動」という名前で紹介されることもあるようです。この「20秒間の全力運動」は、全力疾走、全力でのエアロバイク、高速での縄跳び、腹筋、腕立て伏せ、ダンベルを持って行うスクワットなど、どんなものでもよいとされます。

たった4分ですが、60分間エアロビクスをしたと同じくらいの脂肪燃焼効果があり、「簡単なのに確実に効果が上がる」ことで話題になっています。

しかし、わずか20秒間でも、全力で強度の高い運動をするのは想像以上にハード。だから、ウィルパワーが強化されていないうちに始めてしまうと、残念ながらあっという間に挫折してしまうことでしょう。だから、このトレーニングは少なくともマインドフルネス瞑想が15分以上続くようになり、かつ毎日15分の早足散歩が日課になっていて、スクワットが30回できるようになった、という段階で始めてほしいと思います。なぜなら、ＨＩＩＴはジムに行く必要もなく、道具を揃えることもなく、つまり投資金額ゼロで始められ、しかも短期間で確実な効果が表れる理想のトレーニング方法だからです。それなのに、ウィルパワーが弱い段階で始めてしまったために効果を実感することなく挫折し、そのことで運動に対する意識がネガティブになってしまうのは、あまりにも惜しいと思います。ウィルパワーが高い状態で取り組めば、我慢や忍耐とは無縁で続けられるため、効果が表れるのも早いはずです。

ＨＩＩＴは「このトレーニングをしなければならない」という決まりはありません。先ほど説明した通り、「高強度の運動とゆるい運動」を組み合わせてもいいし、「高強度の運動と休憩」を組み合わせても構いません。ただひとつ、時間を守ることだけがポイント。自分でカウントすると、「辛いから今日はここまでで止めてしまおうか」「いや、決めた回数だけやらなくては」という葛藤が生まれてしまいます。これによりウィルパワーが無駄に消耗されてしまうので、挫折しやすいのです。スマホのアプリにトレーニング時間を知らせてくれるものもあれば、運動内容を教えてくれるものもあります。また、ＹｏｕＴｕｂｅではＨＩＩＴの動画がいくつもあるので、やりやすいものを選んで活用しましょう。

本書ではいくつかおすすすめの方法をご紹介します。これならできる、というものから挑戦してみてください。いずれも4〜7分の運動で1セット。165ページの表を参照にし、マインドフルネス瞑想の時間が長くなるにつれ、2セット、3セットと増やしていきます。きっと、体が変わっていくことでしょう。

オフィスでもできる階段ダッシュ

自宅や、オフィスで簡単に行えるHIITがこの方法。1階分の階段を全力のダッシュで駆け上がります。できる人は1段飛ばしで駆け上がってもよいでしょう。踊り場まできたら立ち止まって10秒間休んで呼吸を整え、再び1階分

HIITのメリット

・数時間カロリーが燃え続ける
トレーニング後も脂肪が燃え続ける
・短時間でトレーニングが終わる
数分間で終わるので忙しい人にぴったり
・持久力が高まる
心肺機能が高まり、運動中に体内に取り込まれる酸素量が増える
・余計な道具がいらない
いつでもすぐ始められ、場所もとらない

10秒休憩
全力で駆け上がる
10秒
全力
1階分の階段を
4～5往復してもよい

の階段をダッシュで駆け登ります。同じ階段を上ったり下りたりして往復してもよいでしょう。

4〜5階分まで行って1セットです（前ページのイラスト参照）。

ニューヨークタイムズで話題の7分間トレーニング

アメリカのスポーツ医学会『ACSM』で発表されたのちニューヨークタイムズで「**1日7分で1時間以上運動したのと同等の効果がある**」と紹介され、世界的ヒットとなったのが、このトレーニング方法です。簡単なエクササイズを40秒ずつ、運動後に10秒の休憩を入れながら行います。12種類のエクササイズを40秒間ずつ行うのを1セットとし、慣れてきたらセット数を増やしていくとさらに効果が上がります。

「40秒間」という時間を守ることが重要なトレーニング方法なので、時間を計るのが重要なポイント。スマホのアプリでHIITのタイマーがいくつか出ているので、利用するのもいいでしょう。初めてHIITに挑戦するなら、エクササイズのやり方と休憩のタイミングを動画と音声で教えてくれる、スマホのアプリ「7分間トレーニング」を利用するのがおすすめです。

❼ 椅子を使った三頭筋ディップ

40秒

椅子に座り、両手を座面について腰を浮かせる。そのまま腕を曲げて体を上下させる。

10秒
休憩

❽ プランク（40秒）

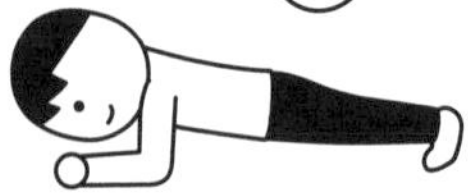

うつ伏せの状態でL字に曲げた両腕、肩幅に開いて立てたつま先で全身を支える。背中からかかとまでまっすぐ伸ばしてキープする。

10秒
休憩

❾ ハイ・ニーランニング

40秒

腕を大きく振り、できるだけ膝を高く上げながらその場で駆け足する。

10秒
休憩

❿ ランジ・エクササイズ

40秒

両手を腰に当てて立ち、片足を前に出すと同時に膝を曲げて腰を落とす。このとき後ろ足の膝は床につくくらいに落とす。元の体勢に戻り、反対側の足も同様に行う。

10秒
休憩

⓫ ローテーション腕立て伏せ

40秒

❸と同様に腕立て伏せをし、腕を伸ばしたら片方の手を天井に向かって伸ばす。反対側も同様に行う。

10秒
休憩

⓬ サイドプランク

40秒

横に寝転び、L字に曲げた腕と伸ばした両足で全身を支える。体全体をまっすぐに伸ばし、反対側も同様に行う。

出典・7分間エクササイズ　7Minute Workout Challenge　Fitness Guide Inc.

❶ジャピングジャック

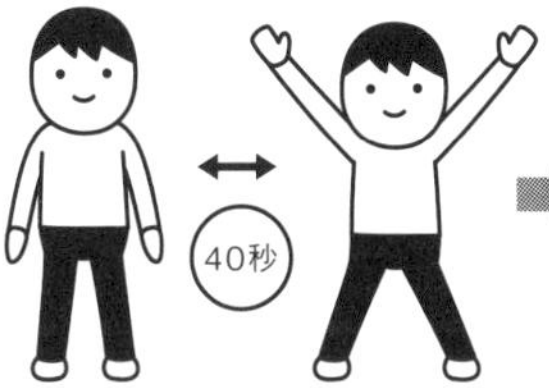
40秒

両足を揃えて立った姿勢から、ジャンプしながらリズミカルに両手、両足を大きく開閉させる。

10秒
休憩

❷空気椅子

40秒

姿勢を正して壁に背中をぴったりとつけ、両膝が90度になるまで膝を曲げる。腹筋に力を入れてこの体勢をキープする。

10秒
休憩

❸腕立て伏せ

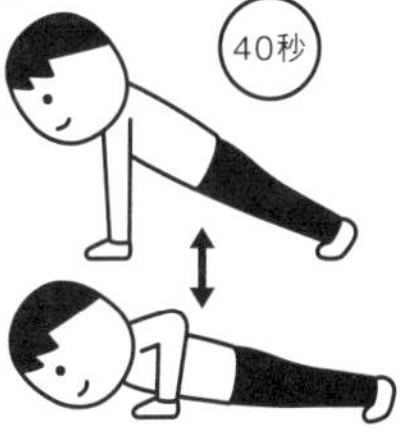
40秒

うつ伏せになって両肩の脇に両手をつき、腕をいっぱいに伸ばし、曲げるのを繰り返す。

10秒
休憩

❹腹筋運動

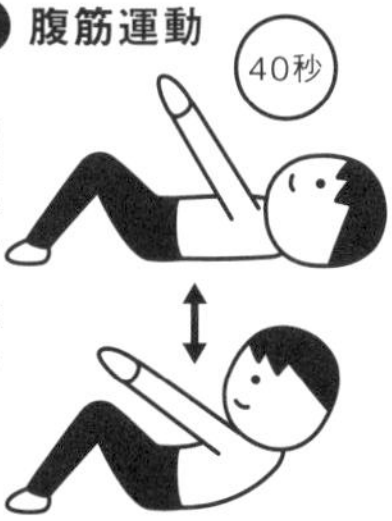
40秒

膝を立てて仰向けに寝転び、両手を伸ばして上体を起こし、へそを見る。1秒間キープして再び仰向けになるのを繰り返す。

10秒
休憩

❺椅子を使ったステップアップ

椅子の前に立ち、片足を乗せて腰、膝を伸ばして台の上に立つ。反対側の足を伸ばして台から降り、足を替えて繰り返す。

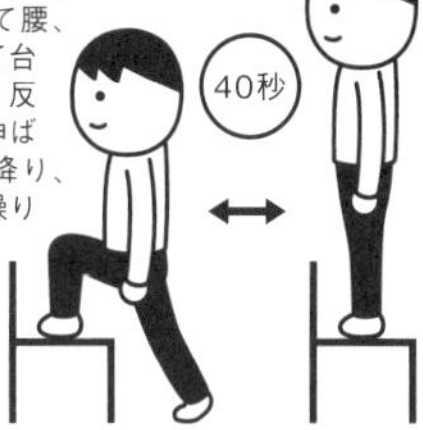
40秒

10秒
休憩

❻スクワット

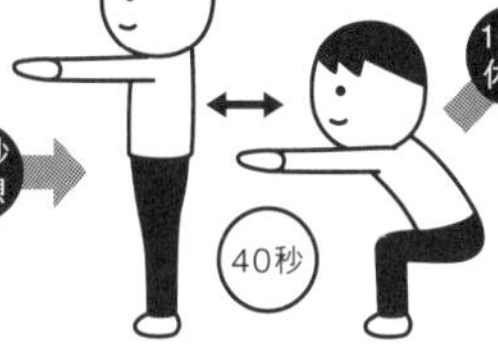
40秒

❼へ
10秒
休憩

169ページと同様に両手を前に伸ばし、膝を曲げ、伸ばす。

前ページにアプリで紹介されているエクササイズのやり方をご紹介しました。シンプルな運動ですが「40秒間運動↓10秒休憩↓40秒間運動」を繰り返すと、「効いている!」という実感があります。

『Health & Fitness』の6分間腹筋運動

前項で紹介したアプリだけでなく、YouTubeにはエアロビクスから筋トレまで、ジャンルも豊富な数多くのエクササイズ動画がアップされています。自分の好みや運動強度で選び、動画にガイドしてもらいながら運動すると習慣化しやすくなり、おすすめです。

ここでは私自身が実践している腹筋動画をご紹介しましょう。アメリカのフィットネス雑誌、『Health & Fitness』監修の「1日6分で〝割れた腹筋〟を手に入れる腹筋法」(https://m.youtube.com/watch?v=CQt_svdUtNY)という動画で、10〜20秒の休憩を入れながら8種類の腹筋運動を行うプログラムです。かなりきついものですので、ここではその中のいくつかをご紹介しましょう。確実に効果がありますので、ウィルパワーも筋力もついてきたら、ぜひ挑戦してください。

❶ニー・アップ 20回

ソファに浅く腰掛けて両手をつき、両膝を顔に近づけるつもりでリズミカルに上下させる。

❷レッグレイズ 20回

仰向けになって床に寝転び、両手でソファの下部をつかむ。両膝を軽く曲げ、リズミカルに上下させる。このときかかとは床につけない。

❸レッグ・オン・カウチ・クランチ 20回

仰向けになって床に寝転び、尻を床につけた状態で膝が直角になるように足をソファに乗せる。両手を軽く頭の後ろで組んで、頭を膝につけるつもりで上体を上下させる。

GOOD

アプリの強制力で習慣化（Fさん／36歳・男性）

アプリで運動なんて…というのは先入観。運動した日にカレンダーにつくマークを揃えたい、体重グラフの変動が楽しみと、ゲーム感覚でハマってしまいました。エクササイズの時間を知らせてくれる通知機能を使い、無理なく習慣化できました。

もう無駄に悩まない！
運動を習慣化させる「強制テクニック」

たとえウィルパワーが強化されたとしても、運動を続けていればときに「今日は休みたいな」と思うときは、きっと来るでしょう。その誘惑に負けない方法はいままでもご紹介してきた通りです。しかし、「休みたくても運動をやり遂げる」のは、より大きなウィルパワーが必要になり、挫折の原因になりかねません。そのとき、無駄に葛藤しないための方法があります。

アラームで強制スタート

たとえば運動する時間を決めておいて、毎日その時間になったらアラームが鳴るようにセットしておく。予定通りの運動ができなかったらその場で貯金箱に1万円を入れるなど、罰金システムを作る。

このように「運動しなければならない状態」を強制的に作るのです。すると、「休みたい」と思ったとしても、迷う間もなく運動する状態になります。すると、いつの間にか「休みたい」という欲求が消えてしまいます。

ダラダラしそうになったら「自問自答」

「休みたい」と「それでもやらなくては」という葛藤が生まれたとき、ついやりがちなのは「いままでも乗り越えてきたのだから」と、頑張った過去を思い出すことです。ところが、シカゴ大学と香港大学の研究により、**誘惑と戦うとき、「頑張った過去」を思い出すとなんと70％もの人が誘惑に負けてしまう**ことがわかりました。「あんなに頑張ったんだから、今日くらいいいや」というモラルライセンシングが起こることが原因だと考えられます。ところが、「自分はどういう風にして誘惑に勝ったか」ということを自分に問い直し、その答えを見つけることができると、およそ70％の人が誘惑に負けることなく、目的を達成することができたのです。「あのときも勝てたのだから、今日も勝てる」と思えるよう、「どうやって誘惑に勝ったか」を自分に問いかけましょう。

まとめ

●ダイエットを成功させる秘訣は「習慣化」

リバウンドすると前以上に脂肪がつき、やせにくい体になる。大切なことは我慢することなく「続ける」こと。やせた体を自分のものにするには、ダイエットを「習慣化」することがなにより大事。

●20秒ルールでよい習慣を増やす

よい習慣は20秒早く時間短縮できるように。悪い習慣は20秒手間がかかるように。わずかな時間で、行動が変わる。「やるべきこと」のTO DOリストはIF-THENプランニングで実行力をさらにアップさせる。

●運動の習慣化には「ステップ方式」で

運動の習慣を身につけるなら、まずウィルパワーを鍛えるのが先決。マインドフルネス瞑想が続く時間によって運動の強度をステップアップさせていくと、無理なく習慣化できる。

5章

ウィルパワーを鍛えれば仕事も人間関係もうまくいく

ウィルパワーが人生の成功を左右するのはなぜか

3章で子供たちを対象に行った「マシュマロテスト」の話をしたのを覚えているでしょうか。くり返しになりますが、再度説明しましょう。このテストは行動心理学で最も有名なテストで、子供の自制心を調べるものです。子供の目の前にマシュマロを置き、「今すぐ食べる？　それとも我慢してあとで2個食べる？」と選択肢を提示した上で15分間ひとりにさせ、子供がどのような行動をとるか観察されました。その結果、我慢してあとでご褒美をもらった子供は全体の3分の1。ほとんどの子供が目の前の誘惑に負けてしまったのです。

この実験の興味深いところは、その後長期間にわたって子供たちを観察し続けたことでした。誘惑に負けてマシュマロを食べてしまった子供と、食べたい気持ちを我慢し続けることに成功した子供は、その後の人生に差があったかどうかが調べられたのです。すると、明らかな差がありました。食べたいという欲求を我慢できなかった子供は、家庭や学校でトラブルを起こす割合が高く、成績もふるいませんでした。対して食べたい気持ちを我慢できた子供は、成長してからも自制心を持ち続けていました。学業において周囲から「優秀」だと評価されており、SAT（アメリカで行われる大学進学適性試験。3科目の試験のスコアによって入学できる大学が決まる）の点数を我慢できた子とできなかった子で比較すると、トータルで210ポイントもの差が生じました（1科目800点満点）。また、我慢できた子は対人関係の能力やストレスの耐性が強く、給料の高い仕事に就くケースが多く、肥満度も我慢できなかった子供に比べて低い、という結果が出たのです。この実験により、子供時代の自制心は将来の社会的成功を予見することがわかりました。

自分の欲求をコントロールする自制心の源は、前頭葉から生まれるウィルパワーです。ウィルパワーは、ひとつひとつの場面で「我慢できるかどうか」「自分で決めたことをやり通すことができるかどうか」を決めるだけではありません。自分の人生がどのようなものになるのか、**成功できるかどうか、あるいは幸せで満足できるものになるかどうかは、ウィルパワー次第**だということができるのです。

ウィルパワーが強いとどのようなメリットがあるか、改めてご紹介しましょう。

寛容になる

ウィルパワーが高まると、顕著に現れるのは「自己コントロール力」です。「やらない力」が「感情のままに行動しない」「人の言動に振り回されない」など、感情にまかせた言動を抑えてくれます。一方、「やる力」は「冷静でいる」「人の感情を受け流す」というように、周囲を受け入れる心理状態をもたらします。すると、物事が思うように運ばなかったり、他人から理不尽な言動をされても、無駄に怒りを感じたりイライラすることがなくなります。つまり、人や物事に対して寛容になれるのです。

夢を実現する

ダイエットにしても貯金にしても、「こうなりたい」という願いを実現するには、目標に向かってコツコツと努力を続けることが必要です。今やっていることは無駄なのかもしれないと思うこともあるかもしれません。しかし、そんなときウィルパワーがあれば、「すぐに結果は出ないかもしれないけれど」「遠回りかもしれないけれど」などと、肯定的に捉えることができるのです。なぜなら、「無駄かもしれない」という不安は、これ以上努力を重ねる辛さから逃げ出すための誘惑だから。ウィルパワーがあれば、どのような誘惑があったとしても、「やる力」「やらない力」「望む力」でかわすことができます。**努力を辛抱と思わないからこそ、夢を実現できるのです。**

時間を有効に使えるようになる

いつも「時間がない」とばかりいう人がいます。それは、やらなければならないことがあるのに、他のことをしてしまうことに原因があります。今日中に終らせなければならないのにお茶に誘われたら出かけてしまったり、どうでもいいようなSNSでのやりとりを延々と続けたりしていないでしょうか。それは、声をかけてくる相手が悪いのではありません。スマホの電源を切れない自分に責任があります。ウィルパワーが強いと、**「目の前の重要なこと」にきちんとフォーカスが当てられるようになり、無駄なことに時間を費やさなくなります。**

人間関係がシンプルになる

人が抱えている悩み事やストレスの大半は人間関係によるものだと言われています。おそらく、周囲の人すべてと良好で、、すべて有益な関係を結んでいるという人はごく少数ではないでしょうか。誰もが大なり小なり、「付き合う意味があるのだろうか」と考え込みたくなる人と付き合っているもの。それが人と人とが触れ合い、調整しながら生きて行く社会というものかもしれません。そうした人たちも含めて「人間関係」というものだということもできますが、中にははっきりと「この人と付き合うのは無駄だ」と断言できる関係もあります。しかし、さまざまな損得勘定から、あるいは孤立の恐怖から逃れたくて、無駄な付き合いを続けていたり、心がザラつくような人と関わったりすることは、珍しいことではありません。しかし、ウィルパワーがあればこうした「あらゆる意味で有益とは思えない、ちょっとした付き合い」を断ち切ることができるようになるのです。それは、自分にとって何が必要で、何が不要なのかを判断できるからに他なりません。人間関係をシンプルにすることで、安らぎの時間、自分が好きなことを自由にできる時間を持つことができます。それにより毎日が充実してくるでしょう。

ストレスが力に変わる

仕事でのプレッシャー、期待という名の重圧、厳しすぎる人との神経戦のような関係など、日々の暮らしはさまざまなストレスであふれています。誰もが胃に穴が開くような思いをして生きている、それが現代なのかもしれません。しかし、最新の研究では、ストレスの捉え方が変わってきています。かつてはストレスは神経を苛み、痛めつけ、人を病へと導くものとされていました。しかし、それは「ストレスは体に有害だ」という決めつけからくるもの。それを逆転させ、「**ストレスがあるから成長できる**」という感覚を持てれば、ストレスは力の源になります。たとえば、緊張しすぎると心拍数が上がります。それを「心臓に負担が」とネガティブに捉えるのではなく、「頭に血液を送って思考をクリアにしている」とポジティブに捉え直すことができれば、ストレスは歓迎できる存在になります。このように、思考をポジティブに変えてくれる力がウィルパワーなのです。

自己肯定感が高まる

ここまで説明してきたように、さまざまな無駄を省き、物事をポジティブに捉えるようになると、やがて訪れるのは「今のままの自分でいい」という自己肯定感。それが幸福につながるのだということは、間違いありません。

マインドフルネス瞑想がもたらす効果

ウィルパワーがもたらすさまざまな効果を説明してきましたが、ウィルパワーを強くするために有効なのが、マインドフルネス瞑想でしたね。本書では「ダイエットを成功させるための有効テクニック」としてマインドフルネス瞑想を紹介しました。しかし、マインドフルネス瞑想の効果はダイエットだけに終わりません。さらに詳しくご説明しましょう。

集中力が50%アップする

マインドフルネス瞑想の効果として、もっとも顕著なものが集中力です。それは、**マインドフルネス瞑想は集中力強化のトレーニング**だと言い換えてもいいくらいでしょう。仕事の効率がアップする、試験勉強をする場合、1日20分のマインドフルネス瞑想を週に4日間続けただけで集中力が50%向上するという研究結果も出ています。

ストレスに強いメンタルが手に入る

前の項で「ストレスは受け止め方次第」というお話をしましたね。体に有害だと思えば有害に、脳を活性化するなど有益だと思えば有益になるのが、ストレスです。それは「捉え方次第」ではありません。強いストレスがあると体内でストレスホルモンと呼ばれるコルチゾールが分泌されます。コルチゾールは食欲を抑える働きのある脳内ホルモン、セロトニンの分泌を抑えてしまいます。それだけでなく、血糖値を上げてインスリンを過剰に分泌し、脂肪が蓄積させやすくする働きがあるため、ストレスはダイエットの天敵なのです。ところが、マインドフルネス瞑想を習慣にしていると、コルチゾールの分泌が抑えられます。ネガティブな感情も消してくれるので、もし緊張やちょっとした不安を感じることがあっても、それをポジティブに転換できます。

脳が変化して不安を感じにくくなる

人が不安を感じるのは、脳の中にある扁桃体という部分。ここが不安を感じ続けると、前頭葉に不調をもたらし、やがて「うつ病」を引き起こしてしまうこともあります。それだけでなく、ストレスに対する感受性も扁桃体が関わっています。扁桃体の感受性は生育過程の環境や経験で決まるのですが、30分のマインドフルネス瞑想を8週間続けて行うことで扁桃体に変化が起き、不安やストレスがあっても乗り切れるようになります。

決断力があがる

1日15分のマインドフルネス瞑想を続けると、物事を決断するスピードが上がります。それと同時にポジティブで合理的な決断ができるようになる、思い込みに左右されなくなるなど、ビジネス面でも大きな効果が生まれます。

共感力が高まり、性格がよくなる

マインドフルネス瞑想を行うと、前頭葉の灰白質が厚くなると説明しました。ここは負の感情をコントロールする箇所なので、鍛えることによってネガティブな考えに落ち込まないようになります。また、不満が見つからなくなるため生活の満足度が向上し、その結果、穏やかな性格に変わります。

老化しづらくなる

人の染色体の両端にはテロメアというカバーのようなものがあり、遺伝子情報を守っています。細胞は絶えず分裂活動をしていますが、細胞分裂する際、両端のテロメアも短くなり、やがて分裂できなくなります。それが、老化現象です。つまり、テロメアが短くなる速度が速ければ老化も早く、遅ければ老化もゆっくりになるのです。マインドフルネス瞑想は、テロメアが短くなる速度を遅くする効果があります。**マインドフルネス瞑想を習慣としている人には、年齢より若く見えるケースがよくあります。**それは、このテロメアの分裂がスピードダウンした結果によるものです。

マインドフルネス瞑想は、ダイエットだけでなくアンチエイジング効果もある、性格がよくなるという、それぞれの人の魅力を増す、素晴らしい方法だということは、もうおわかりですよね。ぜひ生活の一部に取り入れていただき、あなたの人生をよりよいものにしていただきたいと思います。

おわりに

『ウィルパワーダイエット』いかがだったでしょうか。今までのダイエット本とは異なるアプローチでしたが、楽しんでいただけたなら幸いです。

正直にお話すると、私自身あまり運動は好きではなく、一番苦手なことは運動というような人間でした。しかし、2年ほど前にジョン・レイティ博士の『脳を鍛えるには運動しかない』を読み、運動が脳に与える素晴らしい影響を知りました。さらに、20代のうちに一番苦手な運動を克服することができれば、これからの人生でも積極的に新しい困難に向かっていくことができるようになり、人生が大きく変わるのではないかと考え、ウエイトトレーニングを中心としたジムに通い始めました。

初めてトレーニングに行った時のことは今でもよく覚えています。私はあまりにも力がなく、バーベルのおもりを全て外した状態のバー（約20キロ）ですら満足に上げることができませんでした。筋肉をつけるためとはいえ、厳しいトレーニングが続き、最初の数ヶ月は筋肉痛でベッドから起き上がるのが毎日辛かったです。さらに、私は運動経験がない上に筋肉のつきにくいタイプで、数カ月間トレーニングをしても、なかなか思うような成果が出ませんでした。

そんな状況でも、私が楽しくトレーニングを続けることができたのは、この本で紹介した続けるための力、ウィルパワーを鍛えていたからです。辛いことや諦めそうになるときこそ、ウィルパワーを集中投下して、なんとか66日間続けて、習慣化してしまうことでとても楽に続けることができるようになります。一度習慣化してさえしまえば、あとは時間の問題で焦らずに続けていけば、確実に成果を手に入れることができます。そして、この成果が得られるという自信があるからこそ、そのプロセスを楽しむことができるようになり、モチベーションはどんどん上がって行きます。その結果、私は60分のトレーニングを週に2回することを目標にしていたのですが、モチベーションが上がるにつれて、週3回、週4回、週5回とトレーニング頻度を増やし、トレーニング時間も90～120分と自然に増えていきました。そして今では、ベンチプレスは80キロ、スクワットなら120キロ程度は扱えるようになりました。27年間運動をしたことがなかった私でも、ウィルパワーを上手に使うことで、成果を出すことができたのです。

運動することで、私の体と心は大きく変わりました。物理的にはスーツのサイズが2サイズ上がったり、生まれて始めて腹筋が割れるという変化もあったのですが、精神面ではより大きな変化がありました。運動することでポジティブな性格になり行動力が上がることは、科学的には常識ですが、自分自身で体験するとここまで大きな変化なのかと驚くものでした。運動が習慣化されてからというもの、私は多くの新しいビジネスに挑戦し、アクティブに世界を飛び回って仕事をするようになりました。

人間関係も大きく変わり、以前よりも遥かに社交的になり、友人と朝まで人狼ゲームをしたり、積極的にジャンルの違う友人を作るようになりました。

そして最近は読書以外は特に趣味がなかった私に新しい趣味ができました、真空低温調理です。真空にした食材を低温で長時間調理するというものなのですが、専用の機材を購入して友人にちょっとしたコース料理を作るようにすらなりました。私は、今まさに人生の大きな変化を感じています。

そしてこの経験をもとに、続ける力の重要さとそれがもたらす大きな可能性をあなたに伝えるために、この本を書かせていただきました。最後の章にダイエットの先にあるウィルパワーの可能性について書かせていただいたのはこのためです。

奥手でインドアでオタクな私でも、ここまで変わることができたのです。あなたにできないはずはありません。あなたもぜひ、私が感じた喜びと可能性を体感してください。そしてその変化を、ぜひ私に教えてください。あなたがこの本を読み、実践し、何を手に入れることができたのかを。

あなたからの嬉しい変化のご報告をお待ちしております。

メンタリストＤａｉＧｏ

※感想はニコニコチャンネル http://ch.nicovideo.jp/mentalist より随時受け付けております。

Open hearts build lives: positive emotions, induced through loving-kindness meditation, build consequential personal resources.
Fredrickson BL, Cohn MA, Coffey KA, Pek J, Finkel SM.

How positive emotions build physical health: perceived positive social connections account for the upward spiral between positive emotions and vagal tone.

Kok BE, Coffey KA, Cohn MA, Catalino LI, Vacharkulksemsuk T, Algoe SB, Brantley M, Fredrickson BL.

Loving-kindness meditation for chronic low back pain: results from a pilot trial.

Carson JW, Keefe FJ, Lynch TR, Carson KM, Goli V, Fras AM, Thorp SR.

Increased gray matter volume in the right angular and posterior parahippocampal gyri in loving-kindness meditators.

Leung MK, Chan CC, Yin J, Lee CF, So KF, Lee TM.

『グーグルのマインドフルネス革命――グーグル社員5万人の「10人に1人」が実践する最先端のプラクティス』サンガ編集部

『幸福優位7つの法則　仕事も人生も充実させるハーバード式最新成功理論』ショーン・エイカー

Nine Things Successful People Do Differently Heidi Grant Halvorson MAP training: combining meditation and aerobic exercise reduces depression and rumination while enhancing synchronized brain activity.

Alderman BL, Olson RL, Brush CJ, Shors TJ.

HIGH-INTENSITY CIRCUIT TRAINING USING BODY WEIGHT: Maximum Results With Minimal Investment Klika, Brett C.S.C.S., B.S.; Jordan, Chris M.S., C.S.C.S., NSCA-CPT, ACSM HFS/APT

『そのひとクチがブタのもと』ブライアン・ワンシンク

『食の心理学』A.W. ローグ

Mindfulness, attention, and flow during music listening: An empirical investigation Stress reduction correlates with structural changes in the amygdala Can Meditation Make You a More Compassionate Person?

Benefits of Meditation: Increased Telomerase A Diet by Any Other Name Is Still About Energy HIGH-INTENSITY CIRCUIT TRAINING USING BODY WEIGHT: Maximum Results With Minimal Investment

パレオな男　http://yuchrszk.blogspot.jp

参考文献

『スタンフォードの自分を変える教室』ケリー・マクゴニガル

『マシュマロ・テスト 成功する子・しない子』ウォルター・ミシェル

Busting the 21 days habit formation myth By Ben D Gardner

民間フィットネスクラブ会員の退会要因研究 早稲田大学大学院スポーツ科学研究科スポーツ科学専攻スポーツクラブマネジメントコース矢倉裕

How are habits formed: Modelling habit formation in the real world Phillippa Lally, Cornelia H. M. van Jaarsveld, Henry W. W. Potts andJane Wardle

『脳を鍛えるには運動しかない！　最新科学でわかった脳細胞の増やし方』ジョン・J・レイティ

『意志力の科学』ロイ・バイマイスター、ジョン・ティアニー

Slow yogic breathing through right and left nostril influences sympathovagal balance, heart rate variability, and cardiovascular risks in young adults.

Pal GK, Agarwal A, Karthik S, Pal P, Nanda N.

Senile hair graying: H2O2-mediated oxidative stress affects human hair color by blunting methionine sulfoxide repair Can Meditation Make You a More Compassionate Person?

Stress reduction correlates with structural changes in the amygdala Elevated serum dehydroepiandrosterone sulfate levels in practitioners of the Transcendental Meditation (TM) and TM-Sidhi programs.

Mindfulness Intervention for Stress Eating to Reduce Cortisol and Abdominal Fat among Overweight and Obese Women: An Exploratory Randomized Controlled Study Mindfulness Training Improves Working Memory Capacity and GRE Performance While Reducing Mind Wandering How Meditation Might Boost Your Test Scores Elevated serum dehydroepiandrosterone sulfate levels in practitioners of the Transcendental Meditation (TM) and TM-Sidhi programs.

『サーチ！　富と幸福を高める自己探索メソッド』チャディー・メン・タン

『恋愛の科学　出会いと別れをめぐる心理学』越智啓太

『美人の正体　外見的魅力をめぐる心理学』越智啓太

ウィルパワーダイエット
ダイエットという自分との心理戦に勝つ方法

2016年6月6日　第1刷発行

著　者
メンタリストDaiGo
発行人
石﨑 孟
発行所
株式会社マガジンハウス
〒104-8003　東京都中央区銀座3-13-10
書籍編集部 TEL 03-3545-7030
受注センター TEL 049-275-1811
印刷・製本
中央精版印刷株式会社
*

ISBN978-4-8387-2859-6 C0095